# 論理が身につく
# 「考える音読」の授業
## 文学 アイデア50

桂　聖 編著
「考える音読」の会 著

東洋館出版社

# まえがき

「大造じいさんとガン」の授業の一コマ。

「今から先生が音読します。大造じいさんの気持ちがわかるところで『ここ・ここ』と言いましょう。この言葉や文で気持ちがわかる、という意味です。さあ、読みますよ」

子どもたちは、楽しそうに「ここ・ここ」「ここ・ここ」「ここ・ここ」と言ってくれます。

「ねえ、先生。『ここ・ここ』だと鶏の鳴き声みたいだよ。次のページからは、豚にして『ブヒ・ブヒ』って読もうよ」。こんなユニークなアイデアも飛び出します。教室は大爆笑の渦です。

しかし、これだけでは国語の授業だとは言えません。「今、なぜ『ここ・ここ』と言ったの？」と問い返しながら進めていきます。すると「いまいましく思っていましたと、思ったことが書いてあるよ」のように話してくれます。こうしたやりとりによって、人物の心情は「①会話文、②行動描写、③思ったこと、④情景描写、⑤周囲の状況」などから読み取れることを確認します。「ここ・ここ読み」では、人物の心情を「イメージ」しながら、その「論理」的な読み方を楽しく考えることができるのです。

私たちは、こうした新しい音読の方法を「考える音読」と呼ぶことにしました。それには三つのタイプがあります。すらすら型、イメージ型、論理型です。「すらすら」と音読する。その上で内容を「イメージ」して音読する。さらに「論理」的に読み方を考えるという音読です。本書には、そのアイデアや実践がぎっしりと詰まっています。

「考える音読」の会のメンバーは、教員経験六年目の若い先生たち。二年前、彼らと出会ったときは、国語がわかっているとは、お世辞にも言えない状態でした。でも、今では大変身。この二年間、国語の授業づくりについてものすごく勉強しました。「文学50、説明文50、アイデアを出せるといいぞ」と冗談で言ったら、半年のうちに書き上げてしまいました。彼らの努力と成長に、心から拍手を送りたいと思います。

あなたも、楽しくて力がつく「考える音読」をやってみたいと思いませんか。子どもも教師も、毎日の国語授業が楽しみになること間違いなしです。本書は、形骸化しつつある音読指導や国語授業への私たちの新たな提案です。

# 「考える音読」の授業　文学アイデア50

もくじ

■論理型

## ■Q&A



## ■実践例



# 第3章 文学の五つの読み方


桂 聖

# 第1章

# 「考える音読」とは何か
## ― 文学編 ―

## 1 これまでの音読の問題点

筑波大学附属小学校　桂　聖

「さあ、今日は二場面の勉強です。まず、音読しましょう」「全員起立。一回音読したら座りなさい」こうした音読は、日本全国、どこの教室でも行われています。

文字をすらすら音読できることはとても大切です。

しかし、そのほとんどが場面やあらすじの確認です。「確認の音読」に終始しているのです。文字を音声で表すことだけに集中して読んでいるだけです。

文学の授業では、場面の様子を思い描いたり人物の心情を想像したりしながら読むことが大切です。でも、確認の音読ではそれは困難です。授業の日常的な一つの手続きとして取り入れられているだけです。古い話で恐縮ですが、「ネスカフェを入れないコーヒーなんて……」というＣＭがありましたが、「音読がない国語授業なんて……」と言ったところでしょうか。

もしかしたら、こう言う先生がいるかもしれません。

「私がやっている音読は、場面やあらすじの確認だけではありません。ちゃんと指示しています。場面の様子を思い浮かべながら読みましょう。人物の気持ちを考えながら音読しましょう。こう言って音読させています」

こうした指示もよく行われています。私は教育実習のときに習いました。

でも、本当にこう指示しただけで、場面の様子や人物の心情を想像しながら読めるでしょうか。これも難しいと思います。自分でやってみてください。音読するよりも、黙読した方が想像しながら読めるのではないでしょうか。

仮に指示するなら、せめて「季節や場所を考えながら読みましょう」「情景描写に表れる人物の心情を考えながら読みましょう」のように、具体的な読み方をはっきり指示すべきです。そうすれば考えながら音読できます。あいまいな指示では、確認の音読にとどまってしまうのです。

## 2 「考える音読」の授業とは何か

「先生、今日も音読をしようよ」と、子どもはよく言います。音読が大好きです。

しかし、こうした大好きな活動を、確認の音読に終始するなんてもったいないと思いませんか。

音読は、確認の音読だけではありません。もっと大きな可能性があります。それを授業の表舞台で扱うのが「考える音読」の授業です。

例を挙げて説明します。

次は「ごんぎつね」の一場面の一節です。まず音読してみてください。

**A**

ふと見ると、川の中に人がいて、何かやっています。ごんは、見つからないように、そうっと草の深い所へ歩きよって、そこからじっとのぞいてみました。

「兵十だな。」と、ごんは思いました。兵十は、ぼろぼろの黒い着物をまくし上げて、こしのところまで水にひたりながら、魚をとるはりきりというあみをゆすぶっていました。

もちろんすらすらと読めたことでしょう。では、次に「ごん」を「おれ」に変えて音読してみてください。どんな感じになるでしょうか。

**B**

ふと見ると、川の中に人がいて、何かやっています。おれは、見つからないように、そうっと草の深い所へ歩きよって、そこからじっとのぞいてみました。

「兵十だな。」と、おれは思いました。兵十は、ぼろぼろの黒い着物をまくし上げて、こしのところまで水にひたりながら、魚をとるはりきりというあみをゆすぶっていました。

「ごん」を「おれ」に変えて音読することによって、自分がごんになりきって、兵十の姿をのぞいて見ているような感覚になったのではないでしょうか。

では、同じようにして、今度は「兵十」を「おれ」に変えて音読してみてください。

**C**

ふと見ると、川の中に人がいて、何かやっています。ごんは、見つからないように、そうっと草の深い所へ歩きよって、そこからじっとのぞいてみました。

「おれだな。」と、ごんは思いました。おれは、ぼろぼろの黒い着物をまくし上げて、こしのところまで水にひたりながら、魚をとるはりきりというあみをゆすぶっていました。

変な文章ですよね。草の深い所からのぞいてみると、「おれだな。」とごんは思いましたって、どういう意味でしょう。笑えます。タイムマシンで自分を見ているみたいですよね。でも、この話はそんな話ではありません。

なぜ変な文章になるのでしょうか。

そのからくりを説明しましょう。語り手は、特定の人物の目と心から地の文を語ることが多いです。その特定の人物のことを「視点人物」と言います。一場面は「ごん」が視点人物です。語り手は、「ごん」という三人称の人物から地の文を語っています。

**B**では、三人称の呼称表現「ごん」を、一人称の呼称表現「おれ」に変えて読んでもらいました。視点人物だったら、三人称を一人称の呼称表現に変えて音読しても大丈夫です。自分がその視点人物に同化して、その人物になりきったような感覚になれます。

しかし、**C**は変です。この一場面では、語り手は、ごんの目と心から書いています。兵十の目と心から書いていません。つまり、**C**は、兵十が視点人物ではないから、ぎくしゃくした変な文章になるのです。

「考える音読」の授業では、このようなタイプの音読を授業の表舞台に上げます。その音読には、次の三つのタイプがあります。

① **すらすら型**
② **イメージ型**
③ **論理型**

①の「すらすら型」とは、「正確に読むこと」を目指す音読です。あえて言えば、前出の**A**を音読するレベルです。音読は、まずはすらすら正確に読めることが何よりも大切です。従来から重視されているタイプです。

ただ、「正確に音読しなさい」「三回音読しなさい」という活動の指示だけでは、すらすらと音読できるようにはなりません。「語り手や登場人物、どれかの役割で読みましょう（役割読み）」「隣同士で正しく音読できているか聴き合いましょう（ペア読み）」など、子ども同士で意欲的に音読できるようにするための工夫が必要です。

②の「イメージ型」とは、「場面の様子や人物の心情を思い描くこと」を目指す音読です。前出の**B**のような音読です。三人称を一人称の視点に変えて読む（イメージ型のぼく読み）ことで、自分が視点人物になりきったようなイメージで音読できます。

③の「論理型」とは、「作品を論理的に読み解くこと」を目指す音読です。前出の**C**のような音読です。視点人物ではない人物を一人称の視点にわざと変えて読む（論理型のぼく読み）ことで、その矛盾に気づかせ、視点人物を存在を明らかにします。「視点人物は誰ですか？」というより、視点人物の存在や意味について楽しく学び取らせることができます。

「論理型」の音読で重要になるのは「しかけ文」の提示です。たとえば**C**では「兵十をおれに変えて読みましょう」と言って、**C**の文章を提示しました。これは「原文」とは異なる文、言わば「しかけ文」で提示しているということです。子どもは「しかけ文」と「原文」を比較することで、論理的に作品を読み解くことができるようになります。

しかし、「しかけ文」は何でもいいわけではありません。文学の読み方にかかわって「しかけ文」を提示することが大切です。たとえば、**C**では、「しかけ文」と「原文」を比較することで、イメージを基盤にしながら、論理的に視点人物の存在に気づかせることができます。視点人物を考えながら読むというのは、他の作品にも「活用」できる文学の重要な読み方の一つです。

ちなみに、文学には次の五つの読み方があります。

**◆作品の設定**
**◆視点**
**◆表現技法**
**◆中心人物の変化**
**◆主題**

第3章にはこれらを示しました。また、私の他の著作物でも解説していますので、参考にしていただければ幸いです。

「考える音読」の授業とは、こうした「①すらすら型」「②イメージ型」「③論理型」の三つのタイプを総称したものです。

この音読の特徴は、「①すらすら型」だけでなく、「②イメージ型」「③論理型」を明らかにして提案しているところです。

まず、「すらすら」読めるようにする。次に場面の様子や人物の心情が「イメージ」できるようにする。そして最終的には、「しかけ文」と「原文」を比較することで、子ども自らが文学の「論理」的な読み方を楽しく習得・活用できるところを大切にしています。だから「考える音読」というよりも、「考えるきっかけをつくる音読」という方が正確かもしれません。

第2章では「考える音読」の会のメンバーが、文学の授業で使える「考える音読」のアイデア50を提案します。あなたの国語教室でも、ぜひ明日から試してみてください。国語授業の雰囲気ががらりと変わるはずです。「また音読をやろうよ」「国語って楽しいね」という子どもたちの笑顔と言葉が教室にいっぱいになり、読解力がぐんぐんついてくるでしょう。

# 第2章

# 音読のバリエーション

# ①マル読み

「。」で交代して音読しよう
「おとうとねずみ チロ」 もりやまみやこ文 かどたりつこ え
①ある日、三びきの…
②それには、こんなことが…
③…

「おとうとねずみチロ」（東京書籍一年下）

# 「マル読み」で、すらすらと音読できるようにする。

## 一文ずつ読む人を交代し、何度も取り組むことで、楽しみながらすらすらと音読できるようになります。

学習のスタートとして、まずは作品に何が書いてあるか、正確に読み取ることが大切です。そこで、一つひとつの文章を正確に読むために、すらすら読む練習をします。言葉のまとまりを意識できず、拾い読みになったり、つまったりする子どもたちも、上達がわかりやすいので、楽しく学習できます。

最初に、クラスの中で読む順番を決めます。順番が決まったら、一文ずつ読み手が交代することを教師が伝え、音読を始めます。

**本文**

（全員で音読する）「おとうとねずみ　チロ」　もりやまみやこ　文　かどた　りつこ　え

①　ある　日、三びきの　ねずみの　きょうだいの　ところへ、おばあちゃんから　手がみが　とどきました。

②　それには、こんな　ことが　かいて　ありました。

慣れてきたら、緊張感をもち正しく読むことを意識させるため、「間違えたら、一番はじめから読みましょう」と指示を出したり、チャレンジの回数を制限したりするとゲーム感覚も加わって楽しく学習できます。

このようにして正しく音読できると、物語文の内容である登場人物の心情や場面の様子を正確に読み取ることができるようになります。子どもたちが自主的に、自分たちで「マル読み」を始めたら……そのクラスは学習する力がついてきたということですね。

## ②パーフェクト読み

丸読みをします。
間違えたら
最初からもう一回
だよ。
「いいですか、これが
…
ドキドキ
する。
練習したから
大丈夫！

「ニャーゴ」（東京書籍二年下）

## 「パーフェクト読み」で、緊張感をもって音読練習できるようにする。

### 「マル読み」をして途中で間違えたら最初から読み始める読み方です。

クラスのみんなで、一人ずつ、読点で交代しながら音読します。子どもたちがおもしろく、進んで音読ができるようにするに、こんな一言を入れてみてはいかがでしょうか。

**本文**

「では、マル読みをしましょう。教室の右端から、一人ずつ順番に読んでいきます。間違えたら、最初からもう一回読み始めましょう。最後までいけるかな？」

ニャーゴ　みやにし　たつや　（題名、作者名はみんなで読みます）

「いいですか、これが　ねこです。…

子どもたちにとってはスリル満点！緊張感も生まれます。もちろん、子どもたちの中でだれかは間違えてしまいます。途中で詰まったり、間があきすぎてしまったり、漢字を読み間違えたり……。そうしたら、最初から。題名からもう一回読み始めます。

ポイントは、先生も、子どもたちも決して間違いを責めないことです。この読み方の目的は、何度も何度も繰り返すことで、文章に慣れることと、すらすら読めるようになることです。だから、間違えてもいいのです。この読み方を取り入れると、自分から家で練習をしてくるようにもなります。練習をしてきた上手な子の音読をみんなに聞かせてもいいですね。みんなで協力して最後まで読めたら、ばんざい！　達成感もいっぱいです！

## ③リレー読み

リレー読みをします。どこで交代するかわからないよ！
Ⓐ
むかし、ある山おくに、…
Ⓑ
もう交代だ！
きこりのふうふが…
Ⓒ
いつくるかな？

「たぬきの糸車」（光村図書一年下）

#「リレー読み」で、集中して音読させる。

## 子どもの好きな場所で交代しながらリレーをすることで、集中して音読できるようになります。

普通に音読すると、子どもがだらだら音読してしまって、「おもしろくない」「緊張感がない」と感じたことはありませんか？ そんなとき、この「リレー読み」で子どもたちの集中力を高めましょう。

**本文**

Aさん「むかし、ある　山おくに、」
Bさん「きこりの　ふうふが　すんで　いました。」
Cさん「山おくの　一けんや　なので……」

次のように指示します。「今から、点や丸で交代しながら音読をします。音読をする人は、点や丸のある場所であれば、どこで止めてもかまいません。次の人は、すぐにつなげて音読が始められるように準備をしておいてください。どこで交代してくるかわかりませんよ」この指示で、子どもたちはどきどきしながら教科書を見つめるようになります。はじめは教師が一番先に音読し、次の子どもに「ほら、先生はもう読み終わったよ。すぐに入ってきて！」と声をかけるとイメージがつかみやすいでしょう。

このように、通読をするときや音読の技術を上げたいとき、音読がマンネリ化してきたときなどに「リレー読み」をすると子どもたちが生き生きと、集中して音読に取り組むようになります。ゲーム感覚でできるので、子どもたち自身でもやり始めるかもしれませんよ。

## ④たけのこ読み

たけのこ読みをしましょう。
山の中に、ゆきだるまが立っていました。
次は立とう。
どこにしよう。

「はるのゆきだるま」（平成十七年度版東京書籍一年下）

# 「たけのこ読み」で、文章を正確に読むことができるようにする。

## 自分の読みたい文を決めて音読することで、言葉のまとまりを意識して読めるようになります。

物語の内容を読み取るためには、まずはすらすらと音読することが大切になってきます。

本文

山の　中に、ゆきだるまが　立って　いました。かぜの　音と、ときどき　木の　えだから　おちる　ゆきの　音の　ほかは、なにも　きこえません。ゆきだるまを　つくった　村の　子どもたちも、もう…

〈たけのこ読みのやり方〉

・マルごとに読む人が交代する。

・読みたい文を選び、その文になると立って音読する。何度挑戦してもよい。

・クラスのみんなで最後まで続けなければならない。だれもいないときには様子を見て、必ずだれかが音読する。（もちろん、一人で音読することもある。）

子どもたちはたけのこ読みが大好きです。友達と立つタイミングや読み方をそろえることを楽しむうちに、すらすらと読めるようになってきます。

ところが、学習を進めていくうちに、だんだんそろわなくなります。ここで教師は、たけのこ読みが上手にできなくなるということは、学習したことを生かして一人ひとりが思いをもって音読している証拠だということを話し、価値づけます。

このように、たけのこ読みをすることで、楽しみながらすらすらと音読することができるようになるとともに、自分の音読の技術の向上にも気づくことができます。

## ⑤マル・テン読み

「。」「、」の両方で交代して音読しよう。
きびしかった。
とても かなしかった。
けれど、
海には、
すばらしい ものが…

「スイミー」（光村図書二年上）

## 「マル・テン読み」で、すらすら音読できるようにする。

**読点、句点のどちらでも読み手を交代することで意欲的に音読するようになります。**

音読をする際に、マルで区切って交代する「マル読み」については、取り組んでいる先生もおられるのではないでしょうか。ここでは句読点どちらでも交代する「マル・テン読み」について紹介します。

「マル・テン読み」のどちらも交代するメリットは、「マル読み」よりも一回に読む量が短くなるので、低位の子どもも言葉を確かめながら、意欲的に音読に参加できることです。また、「マル」と「テン」で区切ることで「接続語」が際立ってきます。「けれども」「しかし」などで読む担当が入れ替わるので、子どもたちも接続語を意識して読むようになってきます。それを教師が取り立てて「なぜ『しかし』をそのように強く音読したのか」と問いかけて考えることで、授業で目指す課題へと導くことができます。

**本文**

さびしかっ[た]。
とてもかなしかっ[た]。
けれ[ど]、海に[は]、すばらしいものがいっぱいあっ[た]。

☆□のところまで読んだら交代する

他にも、本書で紹介した「重ね読み」などは、「マル」と「テン」で入れ替わる際に、相手の語尾に重ねて音読します。スピード感をもち、追いかけ、追われるような音読が、その場面の緊迫した状況や主人公の心情を体験することにつながります。

このように、「マル・テン読み」は、すらすら音読するためだけの道具ではなく、「考える音読」の授業をつくり出す重要な音読なのです。

## ⑥ぼく読み

がたがたしながら、一人のしんしは後ろの戸を
怖い思いをしているんだな。

がたがたしながら、ぼくは後ろの戸をおそうと…
あれ？開かないぞ？なんだか怖くなってきちゃった。

「注文の多い料理店」（東京書籍五年下）

## 「ぼく読み」で、登場人物の心情に同化させる。

### 「登場人物」を「ぼく」に置き換えて読むことで、人物の心情を読み取ることができます。

「登場人物になりきって読んでみよう。」授業の中でよく使う言葉ですね。しかし、どうしたら登場人物になりきることができるのでしょうか。それが簡単にできるのが「ぼく読み」です。「ぼく読み」は、登場人物を「ぼく」に置き換えて音読をする読み方です。

本文

**がたがたしながら、一人のしんしは 後ろの戸をおそうとしましたが、どうです、戸はもう一分も動きません。**

右の文を音読しただけでも、紳士の恐怖心が伝わってきますね。

次に「一人のしんし」を「ぼく」に置き換えて音読してみます。

しかけ文

**がたがたしながら、ぼくは 後ろの戸をおそうとしましたが、どうです、戸はもう一分も動きません。**

「一人のしんし」を「ぼく」に置き換えただけで、まるで自分が紳士になったかのような感覚になり、一気に怖さが増すことでしょう。その場から逃げたくても逃げられ合い状況に、鳥肌が立つほど怖くなってきます。

このように、登場人物を「ぼく」に置き換えて音読をすることで、人物に同化してより深く心情を読み取ることができるようになります。

# ⑦代入読み

しんしになってみよう。やりたい人！
ハーイ
ハイ！

実にぼくは二千四百円の損害だ。
しんしA
と、A君が…

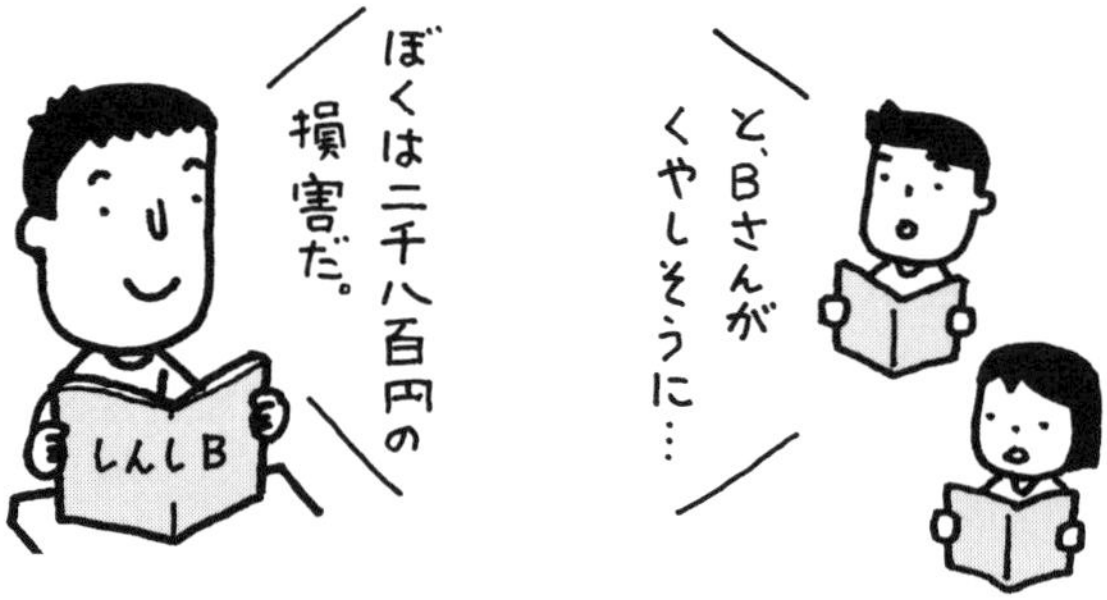
と、Bさんがくやしそうに…
ぼくは二千八百円の損害だ。
しんしB

「注文の多い料理店」（東京書籍五年下）

## 「代入読み」で、登場人物になりきって読ませる。

### 登場人物になりきることで、作者の表現のおもしろさやしかけに気づくことができます。

登場人物になりきって読むのはなかなか難しい、うまく入り込めないという悩みのある子どももいるのではないでしょうか？ そんなとき、こんな読み方を取り入れてはいかがでしょう。

二人の若い紳士をクラスのＡ君、Ｂさんが読みます。地の文は、他の子どもたちが読みます。「二人の若い紳士」のところはＡ君、Ｂさんの名前を言うようにします。

**本文**

（Ａ君）　「実にぼくは、二千四百円の損害だ。」
（クラス全員）と、［Ａ君］が、その犬のまぶたを、ちょっと返してみて言いました。
（Ｂさん）　「ぼくは二千八百円の損害だ。」
（クラス全員）と、［Ｂさん］が、くやしそうに、頭を曲げて言いました。
［Ａ君］は、少し顔色を悪くして、じっと、［Ｂさん］の、顔つきを見ながら言いました。

自分たちの名前が入ることで、物語の登場人物に簡単になりきることができます。さらに、二人の紳士の滑稽なかけ合いが、子どもたちの音読の中から見えてきます。ついつい吹き出してしまう子どももいるかもしれません。

このように、高学年の教材でも、登場人物になりきることで、作者の記述のおもしろさやしかけに気づくことができるのです。

## ⑧劇化読み（人物の心情）

ごんは、お念仏がすむまで…
たいくつだな。兵十まだかな。
ナムナム ナムナム
加助
兵十
兵十のかげぼうしをふみふみ行きました。
もっと近く。
ぼくが持って行っているって気づいてほしいな。

「ごんぎつね」（光村図書四年上）

# 「劇化読み」で、人物の心情に迫らせる。

## 登場人物の位置関係を考えながら音読することで、人物の心情を読み取ることができるようになります。

ごん役、兵十役、加助役になり、劇をするように実際に体を動かしながら音読をします。

本文

ごんは、お念仏がすむまで、いどのそばにしゃがんでいました。
兵十と加助は、またいっしょに帰っていきます。
ごんは、二人の話を聞こうと思って、ついていきました。
兵十のかげぼうしをふみふみ行きました。

やってみると、はじめは兵十役とごん役の子の間に距離があります。そこで、教師が「兵十たちとごんはそんなに離れているのかな」と問います。すると、「なんか違うな。かげぼうしをふみふみだから、もっと近くを歩いているはずだよ」「『兵十のかげぼうし』だから、兵十の後ろを歩かないと」と何度も三人の位置関係を確認しながら音読をするようになります。

繰り返し「劇化読み」をしていると、「お念仏がすむまでずっと待っているなんてたいくつだな」「でも、それだけ話を聞きたかったのだろう」「兵十に、くりや松茸を持って行っているのは、ぼく（ごん）だって言ってほしかったのだと思う」と、二人の位置関係から自然にごんの心情に迫っていくことができます。

このように、劇化読みをすることで、登場人物に同化することができ、作品をより深く味わいながら読むことができます

# ⑨劇化読み（場面分け）

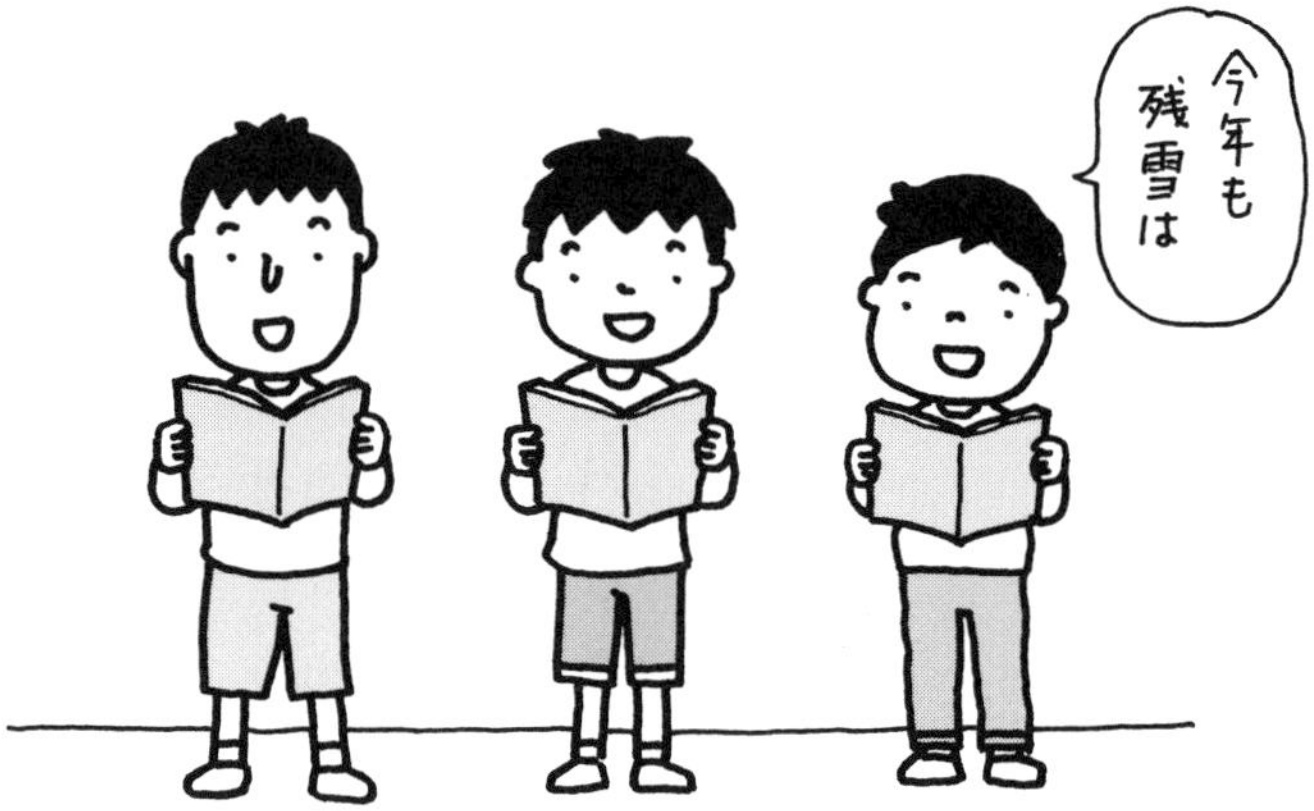
今年も
残雪は

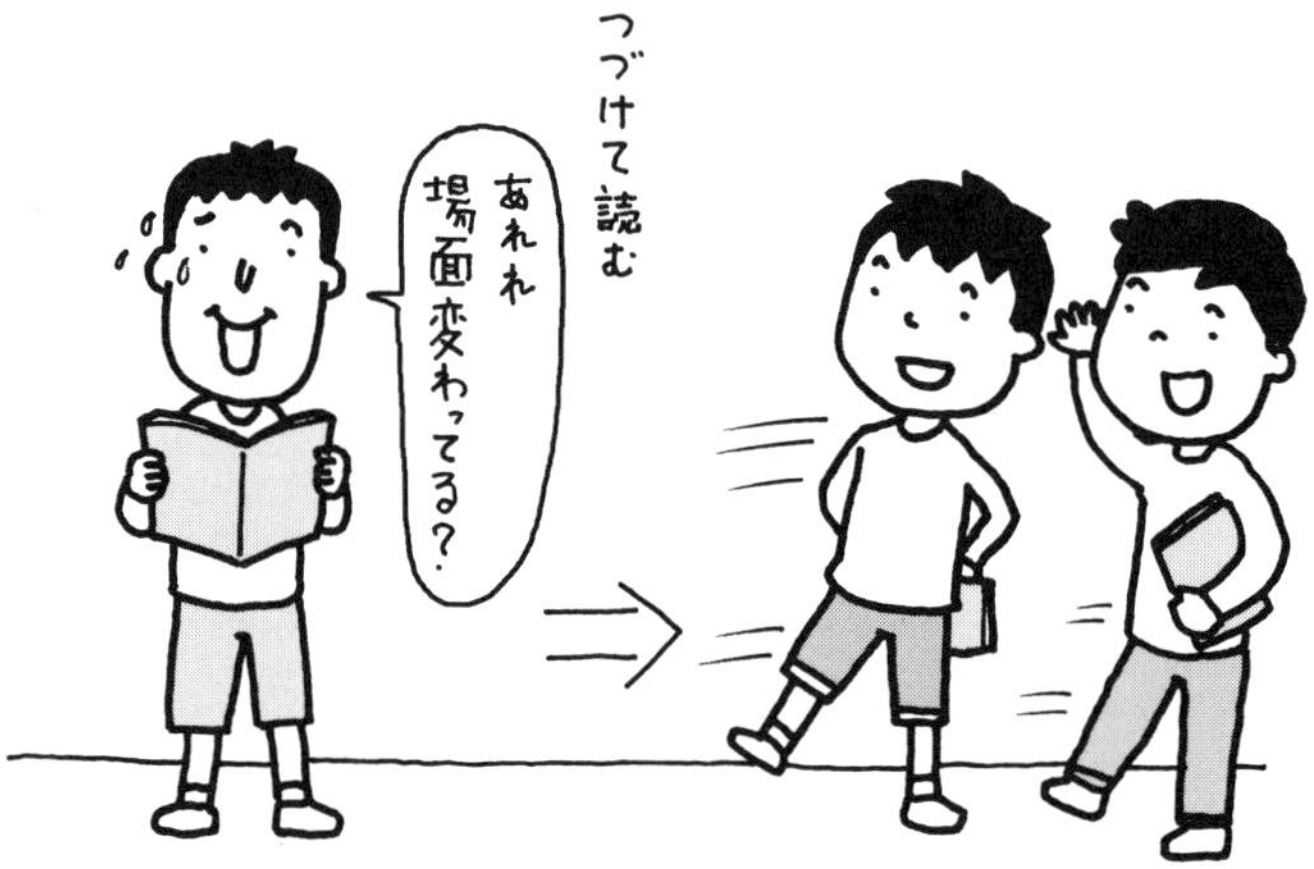
つづけて読む
あれれ
場面変わってる？

「大造じいさんとガン」（光村図書五年下）

## 「劇化読み」で、物語の場面を分けさせる。

### 劇化しながら音読することで、イメージを共有化しながら場面が変わるところを考えることができます。

場面分けをするときには、「時、場所、人物、出来事」をもとに分けていきます。しかし、たとえば次のような文の時、いろいろなところに出る「時を表す言葉」に引っかかり、うまく分けられないことがありませんか。

本文

今年も、残雪は、ガンの群れを率いて、ぬま地にやって来ました。……中略……

そこで、残雪がやって来たと知ると、大造じいさんは、今年こそはと、かねて考えて……

じいさんは、一晩じゅうかかって、たくさんのウナギつりばりを……

ここで引き上げよう。

そこで、次のように指示します。「今から動きをつけながら音読していきます。場面が変わるところでは一度、端に全員引き上げてください。場面が変わるというのは、紙芝居で紙をめくるときのようなことです」この指示で、子どもたちはどこで引き上げるべきかを話し合っていきます。話し合いでは最初に書いた「時、場所、人物、出来事」の観点を使うのですが、文章のイメージが共有化されているので、しっかりとした話し合いをすることができます。また、音読しながらなので、参加していない子どももいません。

このように、場面を分けるときには、言葉だけでなく、実際の場面のイメージをしっかりふくらませていくことが重要になってくるでしょう。

## ⑩挿絵提示読み

それぞれ、どこから
読むか相談して
ください。
ぼくらは
これだ。

「一つだけちょうだい。」

これが……

違うよ！

それは
最後でしょ。

「一つの花」（光村図書四年上）

## 「挿絵提示読み」で、物語の場面を分けさせる。

### 挿絵を見せながら、紙芝居のように音読することで、場面の分かれ目をつかむことができます。

物語文では、場面の流れが挿絵と対応しながら描かれていきます。そこで、挿絵を紙芝居のように使って読ませることで、場面の展開や場面の分かれ目を考えさせます。教師が、「一つ目の絵を説明するグループ、二つ目の絵を説明するグループ……」と、役割を決めていきます。そして、役割が決まったら音読します。

一つの絵に一グループを割り当てるようにすると、相談しながら読む場所を考えることができ、場面の分かれ目をつかませることになります。また、紙芝居のように読むことで相手意識も生まれます。

さらに、次のように教師がわざと間違えることで、子どもたちに説明させるという方法もあります。

本文

（最後のコスモスに囲まれたゆみ子の挿絵を見せながら）「一つだけちょうだい。」これが、ゆみ子のおぼえた最初の言葉でした。……

このようにすると、子どもたちはむきになって、「先生違うよ」と言ってきます。これを説明させることで、作品の内容や出来事の流れを考えるきっかけとなります。

# ⑪役割読み

どんな人物が出てくるの？
ライオン
お化け
じんざ
では、音読してみよう。
わしは…
出てこないよ。
じんざ
お化け

「サーカスのライオン」（東京書籍三年下）

## 「役割読み」で、登場人物を検討させる。

### 役割読みをすることで、登場人物を検討することができます。

物語では、最初に登場人物を考えます。ところが、このときにちょっと名前が出ただけで登場人物だと考えている子どもがいます。いくら説明しても納得してくれない、こんな経験はありませんか。でも、これは役割読みですっきりわかるのです。

**本文**

**町外れの広場に、サーカスがやってきた。ライオンやとらもいれば、おばけやしきもある。ひさしぶりのことなので、見物人がぞくぞくとやってきた。……。**

この作品を一読した後、「役割を分けて劇のように読もう」ともちかけます。

「どんな人物が出てくる?」と聞くと、「じんざ」、「男の子」、「サーカスのおじさん」など、子どもたちは口々に言い始めます。ここまではいいのですが、右の冒頭文のようなところから、「とら」、「見物人」、中には、「お化け」なんて言う子どもも出てきます。ここは何食わぬ顔で板書します。意見が出たところで、「じゃあ、役割が分かれたところで、全部通して読んでみましょう」と教師が言うと、子どもたちは期待しながら音読していきます。すると、「ぼくが読むところがなかった」という子どもが出てきます。おかしいとなったところで、「登場人物とは、せりふなどの役割があるものがなるのだ」ということを話します。これで、「人間じゃないのに人物なんですか」という質問にもばっちり答えることができます。

# ⑫打ち消し動作読み

口をきく者さえ
だれもいない。
何もかもが
信じられない。
だれ一人分か
ろうとしないのだ。
クルルは
孤独だな
いつも打ち消されて
いる。

「風切るつばさ」（東京書籍六年上）

# 「打ち消し動作読み」で、人物の設定をつかませる。

## 打ち消し表現に着目させることで、人間の心情を読み取ることができるようになります。

物語文には、人物の人柄や心情を表現するために、たくさんのしかけが隠されています。ここでは、打ち消しの表現に着目させるために「〜ない」のところで手をバツの形に交差させながら音読をしてみます。

**本文**

みな、かれに背を向け、口をきく者さえだれもいない。クルルの気持ちなど、だれ一人分かろうとしないのだ。

友達も仲間も何もかもが信じられない。たった一羽でいるしかなくなった、みじめな自分。

（中略）

ある朝、クルルは飛べなくなっていた。いつものようにはばたいているのに、体がまい上がらないのだ。クルルは、ただじっと草原の片すみにうずくまるしかなかった。

動作を付けて音読することで、打ち消しの表現「〜ない」が自然に浮かび上がってきます。そして、打ち消しの表現の繰り返しによって希望なんて何もない、クルルの孤独でみじめな様子が描かれていることにどの子も気づくことができるでしょう。

このように、一つの表現に着目させて音読することによって表現の工夫やその効果に気づき、より深く物語を読み取ることができるようになります。

# ⑬重ね読み（人物の心情）

だって、ぼくが、きみに
お手紙出したんだ
もの。
きみが
先生おかしい。
びっくりしたら
少し考えるよ。
だって、ぼくが、
きみにお手紙
出したんだもの。
…きみが。
こっちがいい。
本当にびっくり
したみたい。

「お手紙」（光村図書二年下）

## 「重ね読み」で、場面の様子や人物の気持ちをイメージさせる。

### 文末と文頭の言葉を重ねるようにして読む音読です。

左の文章では、お手紙をかえるくんが書いてくれたことを知って驚いたがまくんの様子を読み取らせたいと思います。

**本文 重ね読み**

A「だって、ぼくが、きみに　お手紙出したんだもの。」

B「きみが。」

するると、「先生、おかしい」「本当に驚いた時は、少し考える」「えっ、どういうこと?と心の中でびっくりして『きみが』と言うんじゃないかな」などと言い始めます。

そこで、「じゃあ、どうしたらいいの」と聞くと、「間をあけて読んだらいい」と気づく子どもがいるはずです。いなければ、教師が間を開ける読み方を提案し、どちらがいいか考えさせてもいいでしょう。

**本文 間読み**

A「だって、ぼくが、きみに　お手紙出したんだもの。」

（　間　）B「きみが。」

「間をあける方がいい。」「本当にびっくりした様子がわかる」「ずっと励ましてくれていたなあ」など場面の様子をより鮮明にとらえるきっかけになります。

## ⑭重ね読み（場面の様子）

がんの群れをめがけて、
しろい雲の辺りから、
なにか一直線に落ちて来ました。
はやぶさだ。
先生の最後の一文字に重ねて…

「大造じいさんとガン」（光村図書五年下）

## 「重ね読み」で、場面の様子をイメージさせる。

### 子どもが読む最後の言葉に教師の読み始めの言葉を重ねる読み方です。

音読＝読解ではありませんが、読解が深まれば深まるほど子どもたちの音読の表現力が高まってきます。それは、子どもたちが物語の世界をイメージしながら読めるようになるからです。低・中学年では、音読劇などを通してじっくりと物語の世界に浸っていけるのですが、高学年ぐらいになると人前で表現するのが苦手な子どもも出てきます。そこで、次のような音読をしてみます。

**本文**
**重ね読み**

子ども　がんの群れをめがけ(て)、
教師　[し]ろい雲の辺りか[ら]、
子ども　(な)にか一直線に落ちてきまし(た)。
教師　「[は]やぶさ[だ]。」

すると、「重ねて読もう」と指示しないでも、子どもたちの方が察して、教師の最後の言葉に重ねるように読んできます。次第に、早く読むだけではなく、抑えて読んだり強調して読んだりするようになります。教師の読みに影響されて子どもの読みが変化し、また子どもの読みに影響されて教師の読みも高まっていきます。ペアで読むこともできます。

このような音読をすることで、「気持ちをこめて読もう」などと言わなくても、自然に物語の世界をイメージしながら、深い読解へとつながる音読ができるようになるのです。

## ⑮ 間読み

どんなふうに よむといいかな。
ゆっくりと（間をとって）読んでみるよ。
このあたりも、まだ はるが きていないね。
このあたりも……きていないね。
もっと速く読む方がいいよ。だってー
このあたりも、きていないね。
でも、ふもとのほうは、かもしれないよ。
ぴったりでしょ。

「はるのゆきだるま」（平成十七年度版東京書籍一年下）

# 「間読み」と「重ね読み」で、場面の様子をイメージさせる。

**「間読み」と「重ね読み」を比べることで、場面の様子をイメージできるようになります。**

「はるのゆきだるま」では、動物たちの会話文から春を待ちきれない様子をとらえさせたいと思います。「お手紙」とは、逆に、「間読み」をしてから「重ね読み」をします。

**本文**
**間読み**

A「このあたりも、まだ
はるがきていないね。」（間）B「でも、ふもとのほうは、
花がさいているかもしれないよ。」（間）C「さあ、いこう
いこう。」

全然、楽しそうじゃない。

落ち着きすぎている。

**本文**
**重ね読み**

A「このあたりも、まだ、
はるがきていないね。」
B「でも、ふもとのほうは、花がさいているかもしれないよ。」
C「さあ、いこういこう。」

わくわくしているなあ。

「わくわくしているなあ」「後で夢中になるのもわかる」と行動描写と関連させた発言も見られます。

このように、場面の様子をより鮮明にとらえるきっかけとして「間読み」を使うことができます。

# ⑯スピード変化読み

それは、夕ぐれどきの
いっしゅんの…
もっと速い方がいいよ。
「いっしゅん」だから。
モンゴルの…
無言の夜を…
無言は
ゆっくり。

「風切るつばさ」（東京書籍六年上）

## 「スピード変化読み」で、場面の様子を想像させる。

### 音読にスピードの変化をつけることで、場面の様子を生き生きと想像することができる。

高学年になると、「間違えない」「大きな声で」「はっきりと」というめあてで音読をすると、子どもたちも教師もマンネリ化してしまいます。そこで、緊張感や劇場感をもって音読できるよう、音読にスピード変化をつけると、作品が生き生きとしてきます。

Ⓐの部分は、「いっしゅんの出来事」ということがあること、キツネに襲われた事実があること、回想シーンであることなどから、速めに音読をします。そして、Ⓑの部分「無言の夜をむかえた」をゆっくり静かに読むことで、そこが対称的に生きてくるのです。

**本文**

Ⓐ **それは、夕ぐれどきのいっしゅんの出来事だった。わかいアネハヅルの群れが……**（速めに読む）
Ⓑ **モンゴルの草原の、うずまく風の中で、きずついた群れは、無言の夜をむかえた。**（ゆっくり読む）

物語の冒頭部分で、言葉のもつ意味と音読を関係づけることによって、こどもたちはその物語全体を音読するときにも、言葉のもつ意味や文脈から音読を変化させようとします。高学年になると、自分たちで考えながら学習を進めるきっかけにもなります。この作品においては、「生」と「死」、クルルの気持ちの変化などのスピードを変えることで、生き生きと表現することができます。

このように、高学年においても目的に応じて音読を取り入れ、心情の変化や情景と関係づけていくことで、学習を深めることができるのです。

# ⑰リズム合わせ読み

①
キッコン
パッタン
速めがいいなぁ
②
キッ…コン
ゆっくり読もう。
パッ…タン
うごいた。うごいた。…

「のはらのシーソー」（平成十七年度版東京書籍二年上）

## 「リズム合わせ読み」で、場面の様子をイメージさせる。

### 擬音語や擬態語、擬声語の読み方を工夫することで、作品のイメージを広げることができます。

擬音語や擬態語、擬声語など、子どもたちの話の中にはたくさんの音が登場してきます。子どもたちが生き生きと自分のことを語れるのは、そんな表現方法を多くもっているからです。

そこで、作品を音読するときにも、そんな音に着目して音読してはいかがですか。子どもたちの表現の幅も広がります。

**本文**

①ぴいすけが、こっちがわに　のって、ぷうすけが、あっちがわに　のって、
キッコン　パッタン　キッコン　パッタン　（速めに読む）
②ちょうちょと、みつばちと、てんとう虫がきました。とかげと、しゃくとり虫と…
キッコン　（ゆっくり読む）
うごいた。うごいた。シーソーは、ゆっくりだけど　うごきました。
パッタン　（ゆっくり読む）

①は、いのししの子ども、ぴいすけとぷうすけがシーソーに乗って遊ぶシーンです。「キッコン　パッタン」というシーソーの動きは、リズムよく音読したいものです。ところが、②には「ゆっくりだけどうごきました」という一文が間に入っています。子どもたちには、①、②のリズムの違い、シーソーの揺れの違いを場面の様子の違いとして感じさせたいですね。ここでさらに、動作化を交えて音読すると楽しく、しかもどの子どもも正確に様子をイメージをすることができます。

# ⑱間違え読み（間の取り方や間の意味）

そのおおかみが
くまをたすけたりしたら
てんてんてんてん
変だよ
てんてんてんてんは
読まなくていいよ。
それでは、「……」の部分も
どうやって読めばいいか考えてみよう。

「あしたも友だち」（東京書籍二年下）

## 「間違え読み」で、間のとり方を考えさせる。

### わざと間違えて読むことで、間のとり方や間の意味について考えることができます。

すらすら読めるようになったら、さらにステップアップ。子どもたちから「先生、この『……』のところってどうやって読むの？」と質問されたこともあるのではないでしょうか。そのときは、間を指導するチャンスです。「少し間をあけて読んだらいいよ。」と言いますが、どのくらい開けたらいいのか、子どもたちにはわかりません。そこで、「……」のところをあえて「てんてんてんてんてんてん」と声に出して読んでみます。

本文

そうです。おおかみは、森一番の　らんぼうものと　きまって　いました。その　おおかみが、くまを　たすけたり　したら……。

しかけ文

そうです。おおかみは、森一番の　らんぼうものと　きまって　いました。その　おおかみが、くまを　たすけたり　したら　てんてんてんてんてんてん。

どのくらい開けたらいいかは、音読を使ってやってみるといいですね。一呼吸、二呼吸、三呼吸……あまり長いと、変な感じになってきます。子どもたちの考えを出して、みんなでやってみるとおもしろいですよ。文脈の意味や流れによって、長さは少し変わってくると思います。

それに、「……」の部分には、作者が書いていない思いが込められています。「……」に入る言葉を考えて、付け加えながら読むことで、作者の思いに寄り添った音読をすることもできます。

## ⑲間違え読み（人物の人柄）

とのさま役の教師
その馬をきんか三枚で買ってやる。その白い馬をおいて、帰りなさい。……つかまらないならしょうがない。

何だか違うよ。

「帰れ」って威張っているよ。

「いころしてしまえ」だって。おそろしいとのさまだ。

そう？このままでも十分威張ってるよ。

ううん、もっともっと。

「大いばりで」って書いてあるよ。

「スーホの白い馬」（光村図書二年下）

## 「間違え読み」で、とのさまの人柄をつかませる。

あえて間違えた音読をすることで、意地悪なとのさまの人柄に気づくことができます。子どもたちが思わずつっこみたくなる音読です。

しかけ文

「その馬を　きんかを三まいで買ってやる。その白い馬をおいて、帰りなさい。」

「早く、あいつをつかまえろ。つかまらないなら、しょうがない。」

↔

本文

「おまえには　ぎんかを三まいでくれてやる。その白い馬をここにおいて、さっさと帰れ。」

「早く、あいつをつかまえろ。つかまらないなら、弓でいころしてしまえ。」

「帰りなさいじゃなくて、さっさと帰れ。すごく威張っている」「『弓でいころしてしまえ。』だって。恐ろしいとのさまだ」「金貨じゃなくて銀貨なんて馬鹿にしている」などと、口々に言います。

「このままでも十分、約束をやぶっているし威張っていると思うけどな」とさらにゆさぶりをかけます。すると、「大いばりでと書いてある」「どなりたてるから相当威張っている」と他の叙述にも着目して人柄を語り始めます。

このように、あえて間違えた音読をすることで、人柄を表す叙述に着目することができるようになるのです。

# ⑳声色変化読み

違う、違う、ごんはそんな言い方しないよ。
ちょっとショックを受けたように読む方がいいと思う。
ははん。死んだのは兵十のおっかあだ。
人が死んだのににやっとしながら言わないよ。

「ごんぎつね」（光村図書四年下）

## 「声色変化読み」で、中心人物の心情の変化に気づかせる。

### あえて文脈に合わない声色で音読することで、人物の心情を読み取ることができるようになります。

子どもたちが思わず言いたくなる、知りたくなる発問は何か。それを考えると、音読が子どもたちの考えるきっかけ（発問）になるのではないでしょうか。

教師が次のようにあえて違う読み方で音読をしてみます。

本文
声色変化読み

「ははん。死んだのは兵十のおっかあだ。」（何か企んでいるように読む）
ごんは、そう思いながら、頭を引っ込めました。

違う違う。

「違う違う。ごんは、そんな言い方をしないよ」「人が死んだのに、そんなににやっとしながら言わないよ」と子どもたちは言うでしょう。そこで、教師は「でも、ごんはいたずら好きだよね」と切り返します。「ごんはひとりぼっちのさみしさを知っているから、同じひとりぼっちの兵十にいたずらはしないよ」「その後穴のなかで後悔してるよ」「ちょっとショックを受けたように読むほうがいいと思う」と、子どもたちは、どうにか教師を納得させようと教科書をめくり、根拠となる言葉や文を探し、自分の考えを伝えるようになります。

このように、教師があえて違う読み方をすることで、子どもたちは意欲的に学習に取り組むようになります。また、自分たちで考えを出し合って正しい読みを見つけたという達成感も味わうことができます。

## ㉑アドリブ読み

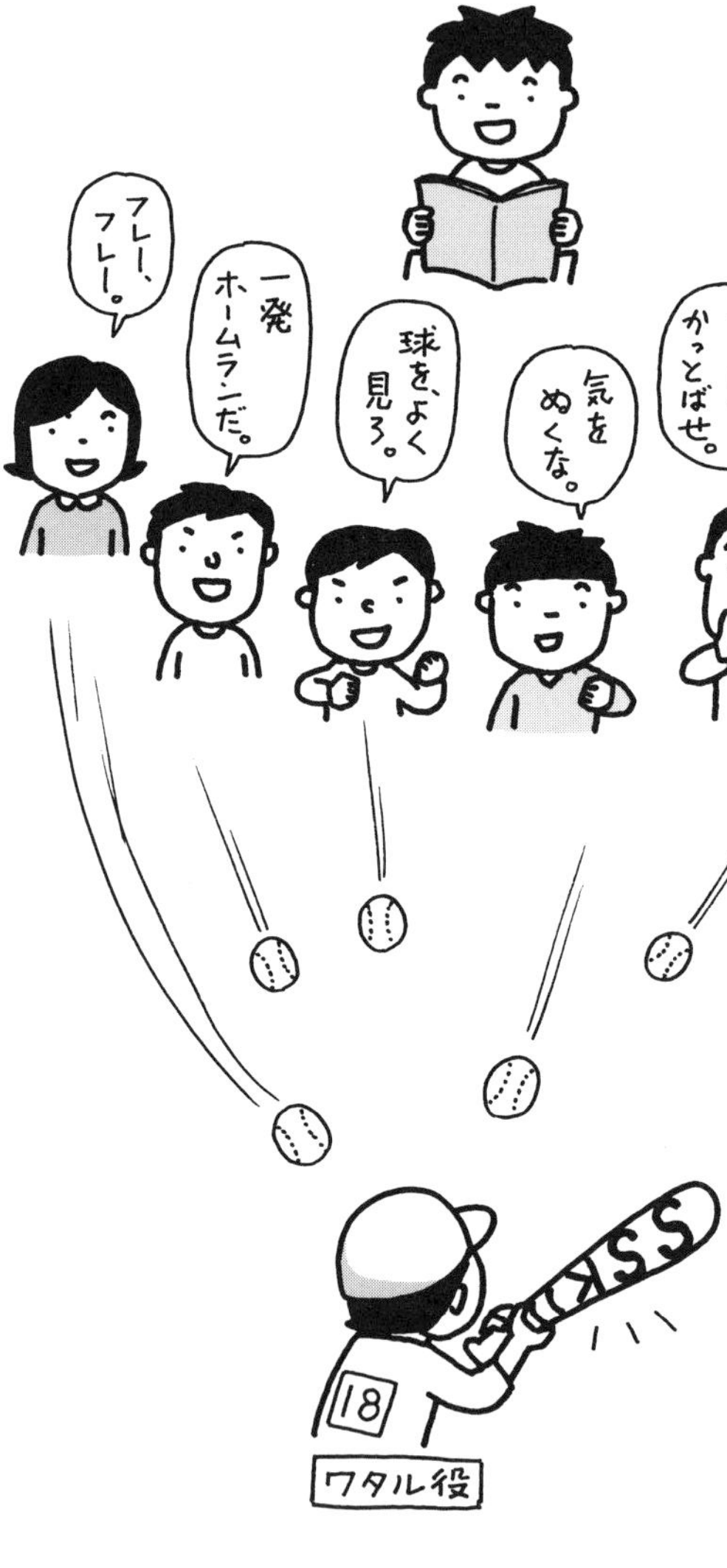
かっとばせ、かっとばせ。
がんばれ、がんばれ。


「海をかっとばせ」(光村図書三年上)

## 「アドリブ読み」で、中心人物に同化させる。

### AからFまでの台詞を一つずつ選ばせて、順番にワタル役に向かって投げ込んでいく音読です。

三年生「海をかっとばせ」は斬新なカット割りの挿絵とリズム感のある「波の子どもたち」の声（地の文）で、読者をどんどん引き込んでいきます。主人公のワタル目がけて、どんどんボールが投げ込まれる場面では、いっせいにいろんなかけ声がワタルに聞こえてきます。

そこでワタル役の子どもを一人前に出し他の子どもたちには、AからFまでのセリフを一つずつ選ばせます（自分で考えても◎）。順番は「アドリブ」で、ワタル役に向かって投げ込ませます（投げるときは立ち上がる）。

もちろん、ワタル役の子どもも打ち返して行きます。

A　がんばれ　がんばれ
B　かっとばせ　かっとばせ
C　気をぬくな
D　球を、よく見ろ。
E　一発ホームランだ。
F　フレー、フレー。

本文

白いボールは、次から次へととんできた。まるで、ピッチングマシンのように、波がしらが……

すると、ワタル役をした子どもは「たくさん飛んでくるのでたいへん」とワタルに同化して、感想を言います。またここで、大切にしたいのは、波の子役をした子どもたちが、どんな「声援」を、どんなふうにかけているのかです。うまく価値づけてやりたいものです。

「アドリブ」のある音読をやっていると、違う部分でも「ここはみんなでそろえて読むといい」「ここは拍手を入れてみたら」と自分たちで考えるようになります。

# ㉒そうそう読み

だから、絶対に「ごめんなさい。」は言わない。言うもんか、…
そうそう。
お母さんはいつもお父さんのみかたに
そうそう！
うれしそうに何度もうなずくお父さんを…
そう…かな？
うーん…

「カレーライス」（光村図書六年）

## 「そうそう読み」で、中心人物の心情の変化をつかませる。

### 一文ずつ読んだ後に、「そうそう」と入れ、うまくあてはまる部分に印をつけて通して音読します。

物語文では、主題に迫っていくために、中心人物の心の変容をつかむことが大切です。「カレーライス」は、地の文が視点人物「ひろし」の心内語（心のつぶやき）を土台に書かれています。そのため、無意識のうちに子どもたちは、「ひろし」に同化し、自分と重ねながら読み進めています。特に、思春期の入り口にいる子どもたちは、「ひろし」の思いへ強く共感するからでしょう。物語の中で、「ひろし」に同化し、または異化しながら読み進められるよう「そうそう読み」を仕組みます。

**本文**

だから、絶対に「ごめんなさい。」は言わない。言うもんか、お父さんなんかに。（そうそう）
お母さんはいつもお父さんのみかたにつく。（そうそう）
でも、分かっていることを言われるのがいちばんいやなんだってことを、お父さんは分かってない。（そうそう）
うれしそうに何度もうなずくお父さんを見ていると、なんだかこっちまでうれしくなってきた。（…ここは入らないや）

最初は「そうそう」が頻繁に出てきて、その度に子どもたちの声も大きくなってきます。しかし、終盤は「そうそう」と言えるところがなくなっていきます。それは、「ひろし」の心情が変容していくからです。はじめは自分たちと同じ「ひろし」だったのに、いつの間にか「ひろし」の方だけ成長してしまったのです。

このように音読を「きっかけ」として、部分だけでなく、全体のつながりにも着目できるのです。

# ㉓強調読み

2人で読もうよ。
どう読む？
この「だいじょうぶ」はおじいちゃんの会話文だから

会話文
だいじょうぶ、だいじょうぶ
おまじないのようにつぶやくのでした
地の文

「だいじょうぶ　だいじょうぶ」（東京書籍五年上）

## 「強調読み」で、大切な文を考えさせる。

**グループで大切だと思うところを声を、合わせて読む音読です。**

五年生の学習をスタートさせたとき、声をしっかり出せるクラスにしたいと思います。しかし高学年になると、子どもたちも恥ずかしがって、進んで大きな声を出したり意見を言ったりしないかもしれません。そんなとき、国語の授業でこんな音読を取り入れてはいかがでしょうか。

やり方は簡単です。とにかく、音読をさせること。そのときに、グループで話し合って「音読の工夫」をさせます。ただ工夫と言うと、何をしたらいいかわからない子どもたちがいるので、「ここを聞いてほしい」「こんな思いを伝えたい」というところを強調して数人で読むことを教えます。

本文
強調読み

おじいちゃんは、ぼくの手をにぎり、おまじないようにつぶやくのでした。（一人で読む）
「だいじょうぶ、だいじょうぶ。」（数人で声を合わせて読む）

□の部分を子どもたちは数人で、強調して音読するでしょう。すかさず、「工夫できているね」と褒めます。次に音読する子どもたちは、さらに人数を調整し、だんだん増やしたり減らしたり、主題にかかわる言葉だけを強調したりといろいろな工夫をするようになります。

このように、子どもたちが自分で学習をするきっかけを教師が与えることで、さらに学習を広げたり深めたりできるようになります。また、この例のように高学年になると、主題にかかわることを強調して音読できるようになり、音読表現が読み取りの力へとつながってくるようになります。

# ㉔おれ・わし読み

おきかえて音読してみよう。
残雪
おれ ←
大造じいさん
わし ←
それおかしいよ。
先頭に来るのがおれにちがいありません。
わしは一晩じゅうかかってたくさんのウナギつりばりをしかけておきました。
それだとぴったりだね。

「大造じいさんとガン」（光村図書五年）

## 「おれ・わし読み」で、視点人物を検討させる。

### 「残雪」を「おれ」に、「大造じいさん」を「わし」に置き換えて音読します。

物語文では、文章に戻りながら根拠をもって読ませる子どもを育てたいものです。そのためには、視点人物と対象人物をきちんとおさえることが重要です。教師は、「このお話の主人公は残雪なんだよね。気づいてたかな。『おれ読み』すればわかるよ」と話します。

しかけ文

先頭に来るのがおれにちがいありません。もう一けりと、はやぶさがこうげきの姿勢をとったとき、さっと、大きなかげが空を横切りました。おれです。

人ごとみたい。

このように、違う方を先にやると、子どもたちはおかしさに気づいて指摘してきます。

しかけ文

わしは、一晩じゅうかかって、たくさんのウナギつりばりをしかけておきました。翌日の昼近く、わしは、むねをわくわくさせながら、ぬま地に行きました。

二人の人物の「おれ読み」を比較すると、子どもから「残雪は人ごとみたい」「大造じいさんが日記を書いているみたい」という意見が出ました。視点人物に寄り添って物語が描かれていると気づいたわけです。

このように、「おれ読み」をすると、だれが視点人物かをとらえることができます。また、それだけではなく「視点人物の気持ちはわかる」と実感をもって気づくことができるのです。

## ㉕ぼく・わたし読み

おかみさんが こわごわ
いってみると…
いつもの「ぼく」が
わなにかかっていました。
えっ!
ぼく?
キャー
あら
あら
自分のこと
なのに

「わたし」が こわごわ
いってみると…
いつものたぬきが
わなにかかっていました。
キュー
おや。

「たぬきの糸車」（光村図書一年下）

# 「ぼく・わたし読み」で、視点人物に気づかせる。

**登場人物に「ぼく」や「わたし」を入れて音読することで、視点人物を見分けることができます。**

物語文の学習で視点人物を見つけることは、人物の心情や変容を読み取るうえでとても重要です。

「たぬきの糸車」には、たぬきとおかみさんが中心に出てきます。題名が「たぬきの糸車」なので、たぬきが視点人物だと考える子どもが多いでしょう。また、おかみさんとたぬきのどちらが視点人物か話し合いをしたとしても、十分に納得できる子どもばかりではないかもしれません。そこで、まず「たぬき＝ぼく」に置き換えて読んでみます。

**本文**

おかみさんが　こわごわ　いってみると、いつもの　たぬきが、わなに　かかって　いました。

**しかけ文**

おかみさんが　こわごわ　いってみると、いつもの　ぼくが、わなに　かかって　いました。

「いつものぼくって人ごとだな」「ぼくがわなにかかっていました。っておかしいよ」

子どもたちからは、読めば読むほど文章のおかしさに気づき、思わず笑いが起こります。

次に、「おかみさん＝わたし」に置き換えて読んでみます。

「おかみさんだと、わたしに置き換えて読んでも変じゃないね」「この話は、おかみさんの目から見ていることが書かれているんだね」と、子どもたちは納得しながら読み進めていきます。ここで、視点人物は心情が、対象人物は行動が多く書かれていることを教えます。

このように、「ぼく・わたし読み」をすることで、どの子も視点人物がおかみさんであると気づくことができます。

# ㉖視点変化読み

さあどうぞ、（ドアの）中にお入りください。
おいしい料理があるかな？

さあどうぞ、（親分の）お腹の中にお入りください。
えっ？

「注文の多い料理店」（東京書籍五年下）

## 「視点変化読み」で、同音異義語のおもしろさに気づかせる。

**二人の視点から一つの文を読むことで、二つの意味がふくまれていることに気づくことができます。**

私たちは、日常生活の中で同音異義語を何気なく使っていますが、イントネーションや強弱、文脈によってそれらの意味を判断しています。そして、この同音異義語が作品のおもしろさを際だたせることもあります。

**本文**

さあさあ、おなかにお入りください。

さらっと読むと見落としてしまいがちな文章ですが、二つの意味が含まれていることに子どもたちはなかなか気づきません。この一文は、二人の若い紳士の視点と山猫の視点で意味が違うのです。

**しかけ文**

（二人の紳士視点）「さあどうぞ、（ドアの）中にお入りください。」
（山猫視点）「さあどうぞ、（親分の）お腹の中にお入りください。」

どっちの読み方で読んだらいいだろう。

子どもたちは、最初、二人の紳士視点で音読をしています。しかし、この物語のクライマックスに隠されているどんでん返しに気づくと、ドアに書かれている文章には山猫の思惑があることがわかります。すると、子どもたちは「どっちの読み方で読んだらいいんだろう？」という疑問をもち始めます。どちらの視点での読み方がふさわしいか、音読してみるとさらに学習は深まります。

このように、音読を使うことで同音異義語のおもしろさを味わい、さらに物語に隠された作者の意図にも気づくことができます。こうした学びが、物語の主題の読み取りへとつながっていくのです。

## ㉗役割・主述読み

主語と述語はこのようになります。
主語
かえるくんが
述語
あるきます。
かえるくんが、
すると、
ここが主語なんだ。
主語チーム
言いました。
何回もやるとわかってきた！
述語チーム
あれ？わからないよ。
あ、「かえるくん」だよ。でも、書いてないね。

「お手紙」（光村図書二年下）

# 「役割・主述読み」で、「主語と述語」や「主語の省略」に気づかせる。

**「主語」チームと「述語」チームに分かれて「ここは主語だな」と思ったら、「主語」チームの人は立って音読します。「ここは述語だな」と思ったら「述語」チームが立って音読します。それ以外は、座ったまま全員で音読します。**


「お手紙」の二場面には、「かえるくんは」という主語が省略されている文が多くあります。

まず、例文を使って、「主語」と「述語」について学習をします。さあ、ここからが楽しくなります。

> すると、**かえるくんが**（「主語」チーム） 言いました。（「述語」チーム）
>
> **かえるくんは**（「主語」チーム）、大いそぎで 家へ帰りました。（「述語」チーム）

はじめのうちは、間違えることもあります。しかし、周りの友達が立って音読するため、つられて音読しているうちにだんだんと「主語」と「述語」がわかってくるというよさがあるのです。何度も繰り返し「主語」と「述語」を考えながら音読できるからです。会話文は少し複雑なので、単純な地の文で練習するのがいいでしょう。

テンポよく音読していると、二場面の途中で止まってしまいます。「主語がどれかわからない」と子どもたちは困ってしまいます。述語を確認した後、「だれが？」と聞くと「かえるくん」と答えます。「ああ、主語はかえるくんだ」「ここには主語が書かれてないんだ」と省略されている主語にも気づくことができるでしょう。

## ㉘主語補い読み

主語がないところにも「かえるくん」を入れて音読してみよう。
かえるくんは、大いそぎで…
かえるくんは、えんぴつと…
かえるくんは、紙に何か…
かえるくんは…
主語がなくてもわかるよ。
何だかしつこいなあ。
かえるくんは、大いそぎで家へ帰りました。
えんぴつと…紙に何か…
テンポがいいな。

「お手紙」（光村図書二年下）

# 「主語補い読み」で、主語省略の効果について考えさせる。

## 主語が省略されている文に、あえて主語を補って音読をすることで、主語省略の効果に気づきます。

「お手紙」の二場面は、「かえるくんは」という主語が省略されている文が多くあります。㉗「役割・主述読み」で主語の省略に気づいたら、その効果にも目を向けさせたいですね。

**本文**

かえるくんは、大いそぎで　家へ　帰りました。
えんぴつと紙を見つけました。
紙に何か書きました。
紙をふうとうに入れました。
ふうとうに　こう書きました。

**しかけ文**

かえるくんは、大いそぎで　家へ　帰りました。
かえるくんは、えんぴつと紙を見つけました。
かえるくんは、紙に何か書きました。
かえるくんは、紙をふうとうに入れました。
かえるくんは、ふうとうに　こう書きました。

「かえるくんは」という主語を入れるのと入れないのとで音読して比べてみます。そうすると、「(主語が) ない方がいい」「あるとちょっとしつこい」「主語がなくてもわかる」と子どもたちは気づくはずです。すぐにピンとこない子どももいるかもしれませんが、そんなときは何度も音読してみましょう。声に出すとリズムが生まれ、主語がない方がテンポがよいことがわかります。さらに、「急いでいるのは、どっちだと思う？」と教師が子どもたちに問うことで、テンポのよさと急いでいるかえるくんの様子を関連させていきましょう。

このように、「主語補い読み」をすることで、主語を省略する効果について子どもたちが考えることができます。

# ㉙劇化とつっこみ読み（心内語）

ごん
「へえ、こいつはつまらないな。」と思いました。「おれがくりや松たけを持っていってやるのに…」

兵十
そうかなあ。

加助
そりゃ、人間じゃない神様だ。

そっか。ここはごんの心の中の声だ。

そこで気づいたらダメ！

だって聞こえたんだもん。

えっ。つまらない？

そうか、あれはごんだったの？

「ごんぎつね」（光村図書四年下）

# 「劇化とつっこみ読み」で、心内語の存在に気づかせる。

**「劇化読み」で読むことで、場面の様子をイメージさせます。教師の「つっこみ読み」で、子どもたちが気づいていない心内語の存在に気づかせます。**

心内語を読むと、読者は「ここでこう思っているんだな」と中心人物の気持ちを知ることができます。しかし、対象人物はその気持ちに気づいていません。特に「ごんぎつね」のごん、「ニャーゴ」のたま、などは、心内語が伝わらないからこそ、対象人物である兵十や子ねずみとの誤解が生まれてしまいます。これがいわゆる物語のしかけです。

子どもにごん、加助をやらせて、教師は兵十になります。

**本文**

加助「……そりゃ、人間じゃない、神様だ。」
兵十「そうかなあ。」
加助「そうだとも。だから、毎日、神様にお礼を言うがいいよ。」
兵十「うん。」
ごんは、「へえ、こいつはつまらないな。」と思いました。「おれがくりや松たけを持っていってやるのに、……」

**しかけ文 つっこみ読み**

兵十「えっ。つまらない？ そうか、あれはごんだったの？」（と言って、振り向く）

すると、子どもたちは「そこで気づいたらダメ」と言いますが、「だって聞こえたんだもん」と教師が言い返すと、ハッとします。ここの「　」にある言葉は、ごんの気持ちを表していて、会話ではないということがわかるからです。

そこで、子どもたちと「心内語」という言葉の意味や働きについて確認するとよいでしょう。このように、物語の必然性と絡ませて、子どもたちに学び取らせたいことを指導することが大切です。

# ㉚形容詞入れ替え読み（対比）

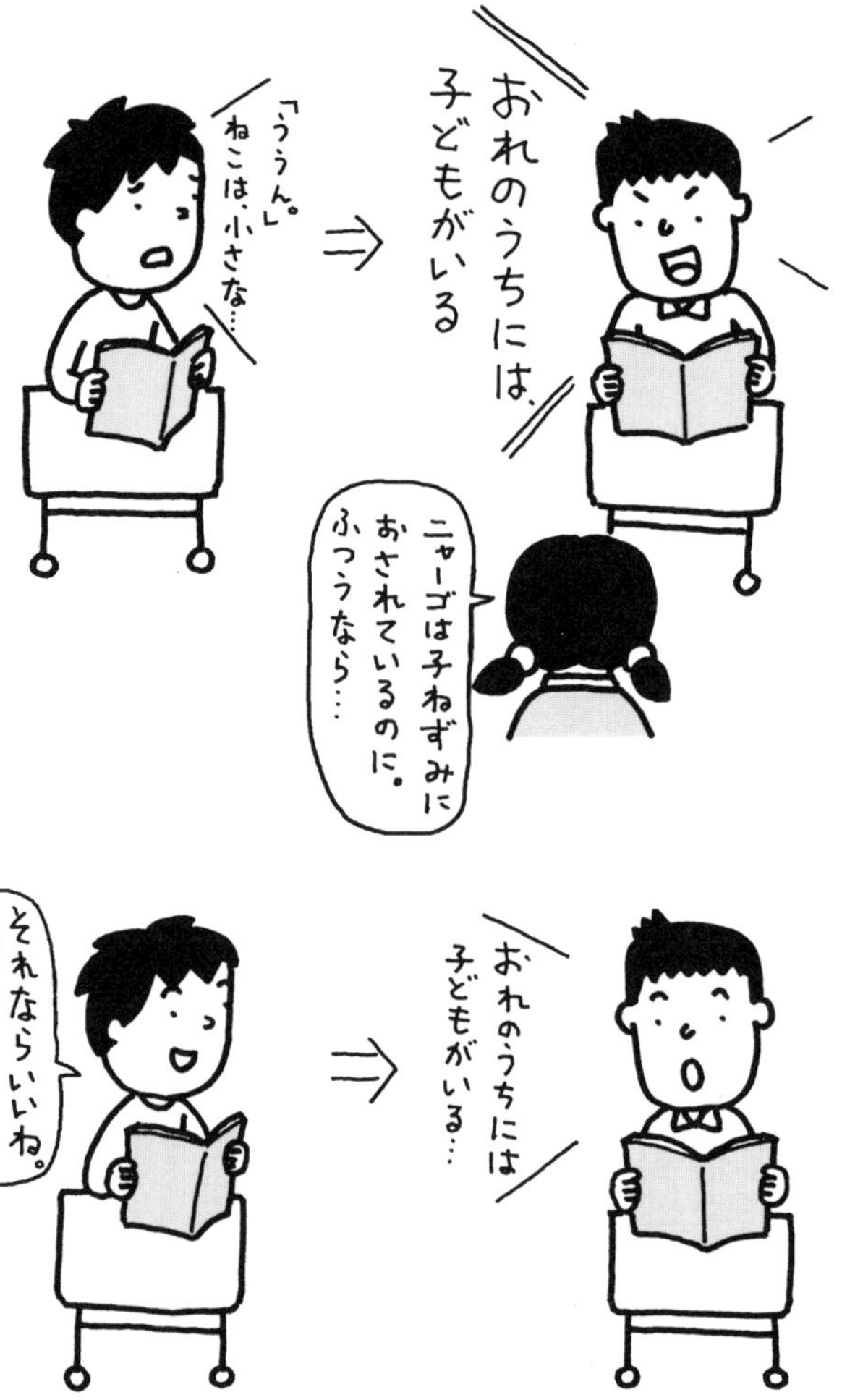
それならいいね。ぴったりだよ。


「ニャーゴ」（東京書籍二年下）

# 「形容詞入れ替え読み」で、対比の関係に気づかせる。

## 反対の意味になっている言葉を入れ替えることで、対比の意味に気づきます。

物語文の中にも、作者の意図で対比の関係を入れていることがあります。対比の関係を無意識で読むのと、意識して読むのとでは大きな読解力の差があります。しかし、「どこが反対の意味になっているかな？」という問いでは、学級の全員を話し合いの舞台へ上げることができません。そこで、音読を使います。

**しかけ文**

「おれの　うちには、子どもが　いる。」

ねこは、**大きな**声で　答えました。

「ううん。」

ねこは、**小さな**ためいきを　一つ　つきました。


（対比）

**大きい声はおかしい。**

**本文**

「おれのうちには、子どもが　いる。」

ねこは、**小さな**声で　こたえました。

「ううん。」

ねこは、**大きな**ためいきを　一つ　つきました。


（対比）

実際に、二つの文章を音読しながら比較していくと、「ニャーゴは子ねずみに押されているのに、『大きな声』はおかしい。ふつうなら……」「後ろも『大きな』ハァ〜ってため息じゃないとダメだと思うよ」と子どもたちは、文脈から間違えに気づきます。「小さな」と「大きな」という言葉に自然に着目できるので、全員が対比の関係になっていることをつかむことができるのです。

このように、子どもたちに「考えるものさし」（音読で比べること）を示して、それを使える場を設定するのが大切です。

# ㉛修飾語とばし読み

これでもいいよね。
たいそう びんぼうで、
その日その日をやっとくらしておりました。
そう そう
ぬいたらダメです。理由は……
どうやって読もうか。
「たいそう」は……みたいに読まないと。

「かさこじぞう」（東京書籍二年下）

# 「修飾語とばし読み」で、強調の効果を考えさせる。

## 修飾語があるものと、ないものを比べて音読することで、強調の効果に気づくことができます。

言葉を強調したり、イメージをふくらませたりするために、文章には修飾語がよく用いられています。その効果を味わいながら物語を読むと、そのおもしろさに引きこまれていくでしょう。そんな物語のおもしろさはどこからくるのか、修飾語の効果を感じる手段として、「修飾語とばし読み」を使ってみてはいかがですか。どちらがいいかは、子どもたちにもすぐに判断がつきます。

本文
むかしむかし、ある　ところに、じいさまとばあさまが　ありましたと。
①たいそう　びんぼうで、その　日　その　日を　やっと　くらして　おりました。

しかけ文
②びんぼうで、その　日　その　日を　くらして　おりました。

①はずいぶん貧しく、生活に困っているじいさまとばあさまがイメージできます。②は、びんぼうなのかな？　と疑問に思うような書き方ですね。子どもたちは、すぐに①がいいと言うでしょう。ここで終わらせるのではなく、子どもたちの気づきを教師が広げると、物語を味わうきっかけが生まれます。「じゃあ、たいそうと、やっとは、どんなふうに音読したらびんぼうな感じがすると思う？」

このように、子どもたちの感じ方やイメージを言葉から広げていくことで、子どもたちに豊かな言語感覚を身につけることができます。

# ㉜強弱読み（強調）

どう読むのがいい？
あまいあまい
大きな大きな
前を強く読んだらどう？
大きな大きな
大きな大きな
やっぱり変だ。

「おおきなかぶ」（光村図書一年上）

# 「強弱読み」で、反復表現の意味をつかませる。

**「あまいあまい」「おおきなおおきな」の強調する感じを音読で表現することで、反復の効果に気づくことができます。**

物語で最も基本的な作者の工夫は、反復表現ではないでしょうか。反復表現の効果は「強調」です。難しくないようにも見えますが、一年生であることを考えると、やはり音声化して丁寧におさえたいものです。

**本文**

おじいさんが、かぶの　たねを　まきました。
「あまい　あまい　かぶに　なれ。おおきな　おおきな　かぶに　なれ。」

**しかけ文**

おじいさんが、かぶの　たねを　まきました。
「あまい　あまい　かぶに　なれ。おおきな　おおきな　かぶに　なれ。」

やっぱり変だ。

「『あまいあまい。』や『おおきなおおきな』はどんなふうに読むのがいい？」と聞くと、子どもたちは強調とは言わないでしょうが、二つ目の「あまい」や「おおきな」を強く読むでしょう。

「後ろを強く読んでいるね。前じゃダメなの？　前を強く読んでみようよ。」と言うと、「前を強くするとおかしい、やっぱり後ろが強くなるよ。」と答えるでしょう。

このように、音読することで反復表現の強調の働きを子どもたちはつかんでいきます。特に低学年においては、頭だけで理解させるのではなく具体的な活動を通してつかませていきたいものです。もちろん、高学年においても言語感覚を育むために、大切にしていきたいですね。

## ㉝ 強弱読み（心情の変化）

はきはき
「かたをたたいて あげようかな…
ぼそぼそ
りっちゃんは いっしょうけんめい かんがえました。
小さくなると おかしい。
やる気が なくなってきたみたい。
りっちゃんは いっしょうけんめい かんがえました。
お母さん よろこぶかな？
何をするか。 楽しみ

「サラダでげんき」（東京書籍一年下）

## 「強弱読み」で、会話の効果を読み取らせる。

**反復表現の部分で、声を小さくしたり大きくしたりすることで、人物の心情の変化を読み取ることができます。**

巡らす様子が、反復によって表現されています。ここでは、りっちゃんの気持ちの高揚を読み取らせたいものです。そこで、声の大きさをだんだん変えながら音読してみます。

**本文**

「かたを　たたいて　あげようかな。
なぞなぞごっこを　して　あげようかな。
くすぐって、わらわせてあげようかな。
でも、もっと　もっと　いい　ことは　ないかしら。
おかあさんが、たちまち　げんきに　なって　しまうような　こと。」
りっちゃんは、いっしょうけんめい　かんがえました。

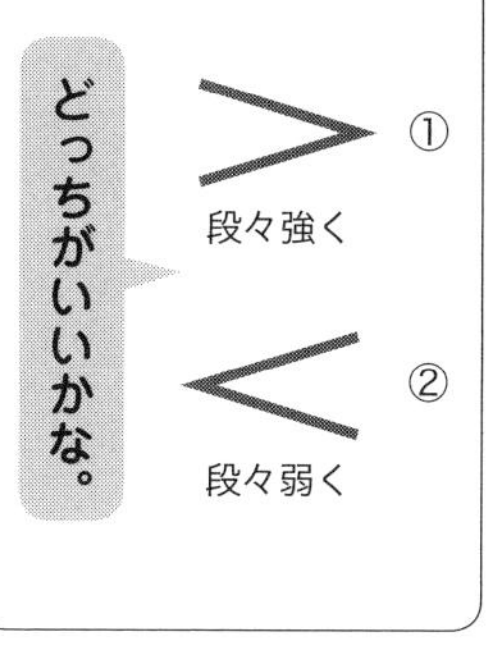
①
段々強く
②
段々弱く
どっちがいいかな。

まず、会話文を一文ごとにだんだん声を小さくしながら音読をしてみます。すると、子どもたちは「段々小さくしていったらなんかおかしい。元気がなくなってやる気がなくなってきたみたい」「一生懸命に考えてないみたい」と言います。

次に、会話文を一文ごとに、だんだん声を大きくしながら音読をしてみます。「何をするか楽しみになってきた」「お母さんが喜ぶかなあ、って考えながら言っている感じがする」と、りっちゃんのお母さんに対する思いがどんどん高まっていることに気づくことができます。

このように、声の大きさを変えて反復表現の部分を音読することで、人物の心情の変化を読み取ることができます。

# ㉞擬音語置き換え読み

カタカタ、カタカタと
大きな声で（何も考えてない）
ドンドン
ドンドンと
きっかけ
カタカタと↓何かな
ドンドンと↓
ドンドンだと
元気すぎるよねー。
おかしいと思います。
なぜなら…
意識して読む
カタカタ、
カタカタと

「スーホの白い馬」（光村図書二年下）

## 「擬音語置き換え読み」で、擬音語の効果を考えさせる。

**本文とは反対の言葉に置き換えることで、擬音語に着目させ、その効果に気づかせる音読です。**

本文

「だれだ。」
ときいてもへんじはなく、カタカタ、カタカタと、もの音がつづいています。

何かな？

このカタカタ、カタカタの部分をドンドン、ドンドンに置き換えて読んでみます。

しかけ文

「だれだ。」
ときいてもへんじはなく、ドンドン、ドンドンと、もの音がつづいています。

元気いいなあ。

「ドンドン、ドンドンだとまだ元気がある。」「矢がつきささっても、走って、走って、走りつづけて、大好きなスーホのところへ帰ってきた。だから、カタカタ、カタカタという音になる。」と場面の様子を表す他の叙述にも自然と着目することができます。

さらに、「『白馬だよ。うちの白馬だよ。』のところは、『さけび声を上げました』と書いてあるから、大きな声で読もう。」と提案する子どももいるかもしれません。疲れ果てた白馬の様子を強調するように、「カタカタ」と「さけび声」が対比されていることにも気づくのです。

こんなふうに音読していくと、効果音からスタートして、場面の様子を表す表現に気づき、より豊かに場面の様子を想像できるようになります。

# ㉟色彩語置き換え読み

一回目
ほのおはみるみるライオンの形になって、空高くかけ上がった。
すすけた色のじんざだった。
あれ？変だよ。
どこが違うの？
二回目
ほのおは…
すすけた色のじんざだった
色が違う！
この色ではじんざがかわいそう。

「サーカスのライオン」（東京書籍三年下）

## 「色彩語置き換え読み」で、色彩語の美しさ、意味に気づかせる。

色彩語をわざと違う表現に置き換えることで、色にこめられた意味に気づくことができます。

情景表現や色彩語には、作者の思いが隠されています。

**本文**

やがて、人々の前に、ひとかたまりのほのおがまい上がった。そして、ほのおはみるみるライオンの形になって、空高くかけ上がった。**ぴかぴかにかがやくじんざ**だった。もうさっきまでの**すすけた色ではなかった。金色に光るライオン**は、空を走り、たちまち暗闇の中に消え去った。

ここを最初はじんざの気持ちを想像しながら音読していきます。ここで使われている色には、じんざの心情が表れていますが、三年生という子どもたちの発達段階では、説明してもなかなかわかるものではありません。そこで、「ぴかぴかにかがやく」の文を「すすけた」と置き換えて音読してみます。

**しかけ文**

やがて、人々の前に、ひとかたまりのほのおがまい上がった。そして、ほのおはみるみるライオンの形になって、空高くかけ上がった。**すすけた色のじんざ**だった。もう、さっきまでの**かがやく色ではなかった。黒くなったライオン**は、空を走り、たちまち暗やみの中に消え去った。

「かがやく」と「すすけた」を入れ替えるだけでも、子どもたちはおかしいと言います。でも、何食わぬ顔をして、これでもう一度音読してみます。すると、「この色ではじんざがかわいそう」と、置き換えたことで、色の意味するところが見えてくることでしょう。

# ㊱情景表現置き換え読み

空はからっと晴れていて…
わくわくしている
ごんの気持ちがわかるな。
空はどんよりとくもっていて…
全然うれしくなさそう。

「ごんぎつね」（光村図書四年上）

## 「情景表現置き換え読み」で、情景表現の効果に気づかせる。

情景表現の言葉を正反対のものに置き換えて読むことで、登場人物の心情に気づくことができます。

次の文章では、ごんの心情が情景によって表現されていることを読み取らせたいものです。そこで、次のように文章を変えて音読をしてみます。

本文

雨があがると、ごんは、ほっとしてあなからはい出ました。

① 空はからっと晴れていて、もずの声がキンキンひびいていました。

やったあ。外に出られる。

きっかけ文

② 空はどんよりと曇っていて、今にも雨が降り出しそうでした。

せっかく出られたのに全然うれしくない。

まず、①の文で音読をしてみます。

子どもたちは、「ごんの『やっと外に出られる。やったあ』という気持ちがわかる」「穴の中と違って、外は明るくて楽しいところという感じがして、ごんのわくわくしている気持ちと合っている」と、ごんの心情を読み取ることができます。

次に②の文に変えて音読をしてみます。

子どもたちは、「せっかく外に出られたのに、全然うれしくない感じ」「『ほっとして』と合わない」と、文に違和感を覚え、ごんの心情が情景によっても表現されていることに気づくことができます。

また、「『今にも雨が降り出しそう』は、今から嫌なことが起きそう」という意見もあり、情景表現の効果にも気づくことができます。

このように、情景表現を置き換えて音読をしてみることで、登場人物の心情を読み取ったり情景表現の効果を感じたりすることができます。

# ㊲比喩表現とばし読み

比喩の言葉をとばして音読してみよう。

けれど、海にはすばらしいものがいっぱいあった。おもしろいものを見るたびに、スイミーはだんだん元気をとりもどした。

くらげ、
いせえび。

魚たち。

うなぎ。

いそぎんちゃく。

おもしろくないなあ。

にじ色のゼリーのようなくらげ
きれいだな。つるつるしているのかな。

「スイミー」（光村図書二年上）

# 「比喩表現とばし読み」で、比喩の存在、その効果について気づかせる。

**あえて、比喩表現をとばして音読することで、効果を感じることができます。**

比喩表現は、場面に彩りを与え、そこから人物の心情にも気づくことができます。しかし、子どもたちは、比喩表現に着目せず、さらっと読んでしまいがちです。そこで、あえて比喩表現をとばして音読させます。

**本文**

けれど、海には、すばらしい　ものが　いっぱいあった。おもしろい　ものを　見る　たびに、スイミーはだんだん　元気を　とりもどした。
くらげ。
いせえび。
魚たち。
うなぎ。
いそぎんちゃく。

すばらしい…かな。

別におもしろくないよ。

普通だな。

これじゃあ、元気を取り戻せないと思うな。

子どもたちは、言います。「ぜんぜん、おもしろくない」「いっぱいって書いてあるけど一つもないよ」この後に、もう一度、比喩表現の入った原文を読むとその効果を確認できます。「にじ色のゼリーのようなくらげ。美しいなあ。そうか、これがすばらしいものだ。」「水中ブルドーザーみたいないせえび。これは、おもしろいなあ」「他のは、どうなってるかな。……」「これなら元気を取り戻せそうだ」

こんなふうに比喩表現に着目させるきっかけを音読でつくっていくことで、比喩表現の存在、さらにはその効果についても気づくことができるのです。

## ㊳補い読み（体言止め）

「だった」を入れて音読してみよう。
にじ色のゼリーのようなくらげだった。
水中ブルドーザーみたいないせえびだった。
説明しているみたい…。
リズムがいい。
にじ色のゼリーのようなくらげ。
水中ブルドーザーみたいないせえび。
スイミーの目線になってる。

「スイミー」（光村図書二年上）

# 「補い読み」で、体言止めの効果を考えさせる。

**文末をつけた文章と原文（体言止めの文章）を比べて音読することで、体言止めの効果に気づくことができます。**

様々な表現技法が使われている作品に「スイミー」があります。ここでは、「体言止め」に気づかせる音読について紹介しましょう。

**しかけ文**

けれど、海には、すばらしい　ものが　いっぱい　あった。
にじ色の　ゼリーのような　くらげ　だった。
水中ブルドーザーみたいな　いせえび　だった。
ドロップみたいな岩から　生えて　いる、こんぶや　わかめの　林　だった。

なんだか、ちょっと間抜け。

説明しているみたい。

**本文**

けれど、海には、すばらしい　ものが　いっぱい　あった。
にじ色の　ゼリーのような　くらげ。
水中ブルドーザーみたいな　いせえび。
ドロップみたいな岩から　生えている、こんぶや　わかめの林。

こっちの方がいい。リズムがある。

スイミーの目にすばらしいものがどんどん入ってきたのがわかる。

だんだん元気を取り戻しそうだ。

実際に音読することで、子どもたちは言葉のリズムを感じることができ、体言止めの効果と、少しずつ元気を取り戻すスイミーの気持ちに気づくことができます。

# ㊴ 倒置比べ読み

先生が直してあげました。
A
スイミーは
くらい海のそこを
泳いだ
B
①スイミーは泳いだ
②くらい海のそこを
Aはふつうの文だね。
Bの方がなんかこわい。
じゃあ、Bの文の①と②どっちを強く読む？
スイミーはおよいだ。くらい海のそこを。
こっちの方がこわい…。
どうして、レオ＝レオニさんはこんな書き方をしたのかな？

「スイミー」（光村図書二年上）

# 「倒置比べ読み」で、倒置法とその効果に気づかせる。

倒置法を使った文と使っていない文を音読して比べることで、その効果に気づくことができます。

「教科書が間違えていたから直しておいたよ。こっちの方が正しいよね」と言いながら、倒置法を使っていない文と倒置法を使った文を提示し、子どもたちと音読してみます。

しかけ文

A　スイミーは　くらい　海の　そこを　およいだ。こわかった。さびしかった。とても　かなしかった。

本文

B　スイミーは　およいだ、（①）くらい海のそこを。（②）こわかった。さびしかった。とても　かなしかった。

「Bの文の方がなんだかこわい」「Aの文は普通の文。あっさりしている」と両方の文を比べることによって、倒置法とその効果に気がつくことができます。

「①と②どちらを強く読んだら、こわく感じるのでしょう？」と発問すると、子どもたちは音読して確かめはじめます。もし、気づかなければ、「伝えたいことを強く読むといいよ」とアドバイスすると②の方が強調されていると気づくでしょう。さらに、「どうしてレオ＝レオニさんはこんな書き方したのかな？」と問うことで、スイミーの仲間を失った孤独感を強調するために倒置法を使ったという作者の意図にも気づくことができます。

このように、音読を工夫することによって、倒置法の使われている文に着目させ、その効果を確かめることができるのです。

# ㊵文末表現置き換え読み

その帰り道、…言いました。
「えっ、かげおくり。」…言いました。
「かげおくりって、…言いました。
何で全部言いましたなの？…
工夫をしたらいいのに。

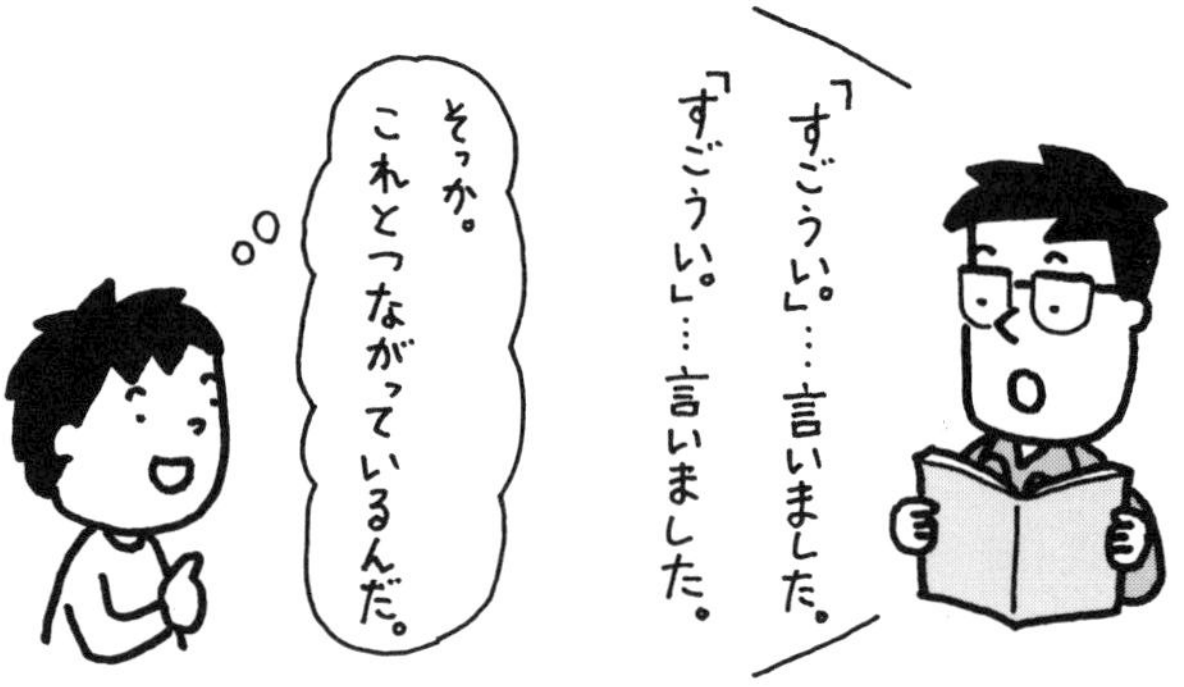
「すごうい。」…言いました。
「すごうい。」…言いました。
そっか。これとつながっているんだ。

「ちいちゃんのかげおくり」（光村図書三年）

## 「文末表現置き換え読み」で、場面の対比関係に気づかせる。

**文末をすべて「言いました」に置き換えることで、場面のつながりを表現している効果に気づかせることができます。**

物語文では、作者が意図的に、似たような意味の言葉を人物の心情に応じて書き分けています。ここでは、その中でも文末表現における作者の書き方について子どもたちに考えさせていきましょう。

**本文①**

その帰り道、青い空を見上げたお父さんが、つぶやきました。
「えっ、かげおくり。」と、お兄ちゃんがきき返しました。
「かげおくりって、なあに。」と、ちいちゃんもたずねました。

**しかけ文**

その帰り道、青い空を見上げたお父さんが、言いました。
「えっ、かげおくり。」と、お兄ちゃんが言いました。
「かげおくりって、なあに。」と、ちいちゃんも言いました。

↔ 対比

**本文②**

「すごうい。」と、お兄ちゃんが言いました。
「すごうい。」と、ちいちゃんも言いました。
「今日の記念写真だなあ。」と、お父さんが言いました。
「大きな記念写真だこと。」と、お母さんが言いました。

子どもたちは音読することで、別の箇所が気になるはずです。「あれ……なんで、かげぼうしをつくるシーンは全部『言いました』なのかな?」「もっと工夫できるはずなのに」と。

本文①は、本文②のかげぼうしの場面との対比関係にあります。本文②の場面での、最後のかげぼうしの悲しさを際立たせるための工夫として、このような書きぶりになっていることに目を向けられるようになります。

# ㊶常体・敬体置き換え読み

これは、レモンのにおいですか。
ほう、夏みかんてのはこんなににおうものですか。
いや、夏みかん。
もぎたてなんだ。……においまでわたしにとどけたかったのだろう。
ぶっきらぼうだなあ。
です、ますで読んだ方が松井さんらしい。

「白いぼうし」（光村図書四年上）

## 「常体・敬体置き換え読み」で、人物（設定）の人柄をつかませる。

**語尾を「敬体」から「常体」に換えて音読することで、中心人物の人柄に気づくことができます。**

文学作品には、時、場所、人物、視点などの基本的な設定があります。設定を正しくとらえないと、作品のおもしろさも半減してしまいます。あえて間違えて音読することで、子どもたちが設定を正しく読み取る音読を紹介しましょう。

**本文**

「これは、レモンのにおいですか。」

㊕「いいえ、夏みかんですよ。」

「ほう、夏みかんてのは、こんなにいおうものですか。」

㊕「もぎたてなのです。…においまでわたしにとどけたかったのでしょう。」

ふうん。

そうなんだ。

**本文**

「これは、レモンのにおいですか。」

㊕「いや、夏みかん。」

「ほう、夏みかんてのは、こんなにいおうものですか。」

㊕「もぎたてなんだ。…においまでわたしにとどけたかったのだろう。」

ぶっきらぼうだな。

どっちが客かわからないよ。

松井さんの語尾を敬体から常体に換えて読んでみます。「ですの方が礼儀正しい」「優しい感じがする」とはじめ読んだときには気づかなかった、松井さんの礼儀正しさや、優しさに気づくことができます。

このように、あえて間違えて音読をすることで、なんとなく感じていた登場人物の人柄を全員がはっきりととらえることができるようになるのです。

# ㊷副助詞置き替え読み

だれ一人、かれの味方はいない。
カララも、だまってみんなの中に
交じっている。
ふーん、
一人ぼっちなのか。
だれ一人、かれの味方はいない
カララでさえ、だまってみんなの
中に交じっている。
カララは仲が良かったのに
仲間外れにされている。

「風切るつばさ」（東京書籍六年上）

## 「副助詞置き替え読み」で、作品（人物）の設定をとらえさせる。

「さえ」という言葉を置き替え音読することで、正しく作品の設定をとらえることができます。

何気なく読んでいると気づかないような表現にも目を向け、立ち止まって考えることができる。これも音読のよさの一つです。

しかけ文 ①だれ一人、かれの味方はいない。カララ[も]、だまってみんなの中に交じっている。

本文 ②だれ一人、かれの味方はいない。カララで[さえ]、だまってみんなの中に交じっている。

②の方が、主人公クルルにとってカララは特別な存在であるということがわかるでしょう。また、その唯一の希望であるカララにでさえも自分に味方してくれないクルルの絶望感が伝わってきます。

しかけ文 ①みな、かれに背を向け、口をきく者[は]だれもいない。

本文 ②みな、かれに背を向け、口をきく者[さえ]だれもいない。

②の方は、ただ口をきくという行為でさえもない、だれにも相手にしてもらえない孤独なクルルの様子がよりはっきりと伝わってきます。この二つの文からは、「さえ」を使うことによって、より絶望的なクルルの様子を読み取ることができるでしょう。

このように、子どもたちが何気なく通りすぎていきそうな言葉に着目させることで、作品（人物）の設定をとらえることができるようにします。

## ㊸ぼく読みと接続語補い読み

みんな赤いのに、ぼくだけは、
からす貝よりもまっくろ。
でも
だれにも
負けないぞ
およぐのはだれよりも
はやかった。

「スイミー」（光村図書二年上）

## 「ぼく読みと接続語補い読み」で、はじめの人物の設定をつかむ。

**「スイミー」を「ぼく」に置き換え、逆接の「でも」を補って読むことで、人物の設定をつかむことができます。**

物語文を読むうえで大切なことは、はじめ、きっかけ、おわりをきちんとつかむことです。はじめとおわりの中心人物を比べて、どんな心情の変容があったかをつかむことで、物語の主題に迫れるからです。

冒頭部での「みんな赤いのに、一ぴきだけは、からす貝よりもまっくろ」から、スイミーは他の兄弟たちと違い、一匹だけ黒いことに引け目を感じているようにもとれます。だからこそ「およぐのは、だれよりも、はやかった」ことを強調したいのです。そんなスイミーが「ぼくが目になろう」と言う場面では一匹だけ黒いことを受け入れて、やるべきことを考えているのは、スイミーの大きな成長と言えます。

そこで、はじめのスイミーの心情を理解するために、次のように音読をします。

**本文**

みんな　赤いのに、一ぴきだけは、からす貝よりも　まっくろ。およぐのは、だれよりも　はやかった。

**しかけ文**

みんな　赤いのに、ぼくだけは、からす貝よりも　まっくろ。でも、およぐのは、だれよりも　はやかった。

「ぼく読み」することで、話者によって客観的に読み進められていた文を、スイミーへ同化して読むことができます。また、逆接の「でも」を入れて読むことで、「泳ぐ速さはだれにも負けない」という強い気持ちにも気づくことができます。

# ㊹終助詞補い読み

ぼくが目になろうか？
そこって「か」はいらない気がする。
ぼくが目になろう！……か。
あれ？
「か」が入るとスイミーの言葉が弱くなるよ。
教科書にもないよ。

「スイミー」（光村図書二年下）

## 「終助詞補い読み」で、中心人物の心情を考えさせる。

**終助詞「か」を補うことで、中心人物の心情の変化を考えるきっかけをつくることができます。**

物語文を読むうえで、はじめ、きっかけ、おわりをきちんとつかむことが大切です。

そこで、反対に終助詞を補うことで、中心人物の心情の変容に気づかせ、考える「きっかけ」をつくります。そうすることで、はじめのスイミーとおわりのスイミーとを比べて、どのような心情の変容があったのかを、子どもたちが自分なりの言葉で話し出すようになります。

まず、スイミーと仲間とのやりとりの場面を短冊で小出しに掲示し、教師が範読し全員で音読します。

しかけ文

「ぼくが目になろうか?」(「か」を一番高く読む)

「ぼくが目になろう!…か。あれ?」「ここって『か』は、いらない気がするけどな。ほら、やっぱり教科書にはない」と子どもたちは言います。それでも、教師は「意味は、ほとんど変わらないから『か』をつけた方がいいよ」とゆさぶります。多くの子どもは「『か』はぜったいにいらない」と返してきます。二人組で「か」を付けて読んだり、なくして読んだりすることで、どちらがいいのか、それはなぜいいのか話し合わせます。子どもが話す理由の中に、スイミーの心の成長や強い意志、みんなを引っ張っていこうとするリーダーシップを表す言葉がたくさん出てきます。

このように、終助詞には中心人物の心情の変容がかくされています。

## ㊺ 終助詞とばし読み

音読のバリエーション / すらすら型 / イメージ型 / 論理型

先生:「大造じいさんの会話を音読してみよう。」

黒板:
「なあ、おい。今年の冬も仲間を連れてぬま地へやって来い。」

女の子:「なあ、おい。…やって来い。」

男の子:「やって来い ⓨ だよ。」

先生:「ⓨ はあってもなくても同じ意味だからなくしてしまおう。」

女の子:「うん、うん。」

男の子:「えー、ないと変だよ。」

男の子:「大造じいさんは、〜と考えているから ⓨ は必要だよ。」

「大造じいさんとガン」（光村図書五年）

# 「終助詞とばし読み」で、中心人物の心情をとらえさせる。

## 終助詞「よ」をあえてとばして読むことで、中心人物の心情の変化に気づくことができます。

多くの物語文では、中心人物はある出来事をきっかけに心情が変容していきます。はじめ、きっかけ、おわりをきちんとつかむことが、物語を読む上では大切です。

そこで、大造じいさんの会話文をセンテンスカードにして掲示して、全員で音読します。

本文

「なあ、おい、今年の冬も、仲間を連れてぬま地へやって来いよ。」

しかけ文

「なあ、おい、今年の冬も、仲間を連れてぬま地へやって来い。」

すると、毎日繰り返し音読をやっている子どもなら教科書を見なくても『やってこい』ではなく『やってこいよ』だと指摘してきます。声に出して音読すると、つい「よ」をつけて読んでしまうからです。

そこで、教師は「教科書には『よ』があるみたいだけど、意味は同じだからなくしてしまおう」とゆさぶります。教師に賛同する子も出てきますが、多くの子どもは「『よ』は絶対に必要だ」と返してきます。

「なぜ『よ』がないといけないの?」と問うと、子どもたちは、「よ」が必要な理由を自分の言葉で話します。子どもたちはいつの間にか大造じいさんの心情の変容に着目して、「大造じいさんの気持ち」を考えているのです。

このように、あるべき終助詞をなくしたり、また反対に加えたりすることで、中心人物の心情について立ち止まって考えることができるのです。

# ㊻接続語とばし読み

ハルーン兄さんなら
だいじょうぶ。きっと…
楽しみだな。うれしい。
何だかむねが
いっぱいになってきました。
でも
前の文と逆のことを
言う時に使う。
ハルーン兄さんなら
だいじょうぶ。きっと春には
元気に帰ってくる。
でも
何だかむねが
いっぱいになってきました。

「世界一美しいぼくの村」（東京書籍四年下）

## 「接続語とばし読み」で、人物の揺れ動く心情に迫らせる。

### 接続語「でも」を抜いて音読することで、揺れ動いているヤモの心情に気づくことができます。

**本文**

ハルーン兄さんならだいじょうぶ、きっと春には元気に帰ってくると、ヤモは信じています。でも、何だかむねがいっぱいになってきました。

子どもたちは、ヤモがうれしいのか悲しいのか迷ってしまいます。そこで、「でも」を抜いてうれしい感じで音読をしてみます。すると、「兄さんが帰ってくるのが楽しみという感じでいいね」となるでしょう。

次に、「でも」を入れて同じようにうれしい感じで音読をしてみます。子どもたちは、『でも』を入れるとなんか変」と違和感を覚えます。そこで、「『でも』は、前の文と逆のことを言うときに使う」ということに気づかせます。このことを音読して確かめてみます。

「やっぱりこっちのほうがいい」「『でも』があるから、ヤモはハルーン兄さんのことを信じたいけど、不安な気持ちもあるんだね」というヤモの揺れ動く心情に迫ることができます。

「むねがいっぱい」には、「うれしい」と「不安」の二つの意味があります。言葉の意味だけで考えてしまう子どもも、このように、「でも」に着目し音読することで正しく読み取ることができるようになります。

# ㊼ 置き換え読み

先生が間違えたら、手を挙げて教えてね。
ガンの……ハヤブサが一直線に落ちてきました。
ハイ！
あれ？
もう一けりと……さっと残雪が空を……
ハイッ!!
残雪って先にばらしている！

「大造じいさんとガン」（光村図書五年）

## 「置き換え読み」で、作者の書き方の工夫に気づかせる。

**子どもに着目してほしい言葉と同様の意味の言葉とを置き換えることで、効果的な表現の工夫に気づくことができます。**

物語文では、作者の表現の工夫が効果的に入れてあります。授業を通して子どもたちに、その効果やそれをあえて盛り込んだ作者の思いにも迫らせたいものです。そこで、筆者なりの工夫に焦点化できるような音読を紹介します。

おとりのガンがハヤブサに襲われ、残雪が助けに入ってくる緊迫した場面です。

**本文**

ガンの群れを目がけて、白い雲の辺りから、何か一直線に落ちてきました。……（中略）……もう一けりと、ハヤブサがこうげきの姿勢をとったとき、さっと大きなかげが空を横切りました。残雪です。

**しかけ文**

ガンの群れを目がけて、白い雲の辺りから、ハヤブサが一直線に落ちてきました。……（中略）……もう一けりと、ハヤブサがこうげきの姿勢をとったとき、さっと、残雪が空を横切りました。残雪です。

「『ハヤブサ』っていってしまうと最初からわかっておもしろくない」「『残雪です』と後ろにあるのだから、もう一回言うのはおかしい」と子どもたちは指摘してきます。あえて「何か」や「大きなかげ」とすることで、緊迫したシーンを演出した作者の表現の工夫に、子どもたちは音読をすることで気づくことができるのです。

このように、作者の工夫の部分を置き換えることで、そこに子どもたちが着目し、考えるきっかけをつくることができます。

# ⑱人物置き換え読み

じんざ、サーカスの
じんざ。
まだ言っちゃダメ!
おじさんがすきなのかね。
バレちゃう
もう、だからダメだって!
じんざの顔、なんだか毛が生えてるみたい。
ダメ!
じんざは、あわてて向こうを向いて…
ダメっ…あ、いいのか。

「サーカスのライオン」（東京書籍三年下）

## 「人物置き換え読み」で、対象人物が知らないことに気づかせる。

**「おじさん」「ライオン」と書いてある部分を「じんざ」に置き換えることで、話者は知っていても対象人物は知らないという物語のしかけに気づくことができる。**

物語文では、話者と視点人物、読者は知っていて、対象人物は知らないということがあります。「ごんぎつね」であれば、ごんが恩返しをしていると兵十は知らないこと、「サーカスのライオン」であれば、じんざが人間のふりをしているのを男の子は知らないことなどです。対象人物は知らないということを明確にしておかないと、主題の解釈が子どもたちの勝手な読み取りになってしまうこともあります。そこで次のように教師が音読します。

**しかけ文**

「じんざ、サーカスのじんざ。」

「おじさんがすきなのかね。」

「じんざの顔、何だか毛が生えてるみたい。」

じんざは、あわてて向こうを向いて、ぼうしをかぶり直した。


まだ、言っちゃダメ。

だから、だめだって。

ダメだって！

ダメっ…あっいいのか。

**本文**

「おじさん、サーカスのおじさん」

「ライオンがすきなのかね。」

「おじさんの顔、なんだか毛が生えてるみたい。」

じんざは、あわてて向こうを向いてぼうしをかぶり直した。


すると、読み取りの浅かった子どもも、場面や人物の気持ちを正しくイメージ化しながら読むことができます。また、このような音読をしていると、違う場面でも「じんざ」と「ライオン」と書き分けている作者の意図を考え始めます。「なぜ、『じんざ』と書かずに『ライオン』と書いてあるのだろうか」と、解釈・評価読みへとつながっていきます。

# ㊾そこで一言読み

かえるくんになりきって、つぶやいてみよう。

かえるくんは まどからのぞきました。
がまくんを元気づけたい。早く、かたつむりくん。
かたつむりくんは、まだやって来ません。
四日後に来るから、まだくるわけないか。
かえるくんは知らないのに!
えー、おかしい!
読んでいる人は知っているけれど かえるくんは知らないんだね。おもしろいね。

「お手紙」（光村図書二年下）

## 「そこで一言読み」で、初読と再読の違いに気づかせる。

読者のつぶやきに条件をつけて読むことで、初読と再読の違いや作品のおもしろさに気づくことができます。

子どもたちが初読のときには知らないけれど、再読のときには知っていることがあります。初読と再読を意識すると文学作品を読む楽しさが広がります。

「かえるくんになりきって、つぶやいてみよう」と、教師が例を示します。

本文
かえるくんは、まどから　のぞきました。
かたつむりくんは、まだ　やって来ません。

がまくんを元気づけたい。早く来て。かたつむりくん。

四日後に来るから、まだ来るわけないか。

「先生、それはおかしい」「かえるくんはそのことは知らないから」と。人物は知らないけれど読者は、知っていることを整理します。読者の立場で一言付け加えてつぶやくと、いろいろなところで楽しめます。

本文
「かたつむりくん。」「おねがいだけど…」
「まかせてくれよ。」「すぐやるぜ。」
かたつむりくんは、まだ　やって来ません。

かたつむりにお願いしてはだめだよ。

その自信はどこから？

あたりまえだろう。四日かかるよ。

読者は知っているけれど、人物は知らないという構造が笑いを誘うのです。初読のときには、それほど気にならなかったことが、再読のときには、人物の言動の一つひとつにユーモアを感じます。そこで、友達を思うそれぞれの気持ちを考えると、おかしさではなく、作者のしかけの一つであるということに子どもたちは気づくのです。

# ⑤⓪クライマックス読み

どこが一番太一の気持ちが高まる？
①もう一度…
②これまで…
③水の中で…
④おとう、…
⑤こう思う…
①もう一度
②これまで…
②は変だなー。
①
②
③水の中で…
ここはいい！

「海の命」（光村図書六年下）

## 「クライマックス読み」で、物語の盛り上がりをつかませる。

### 中心人物の気持ちの高まりに合わせて音読することで、クライマックスをつかむことができます。

物語文の構成の中でも、クライマックス（山場の最も緊張の高まる場面）での主人公の心情の変化は、主題にかかわる大切なところです。このクライマックスでの気持ちの高まりに、音読することで迫っていくことができます。

①もう一度もどってきても、瀬の主は全く動こうとはせずに太一を見ていた。おだやかな目だった。…。
②これまで数限りなく魚を殺してきたのだが、こんな感情になったのは初めてだ。この魚をとらなければ……。
③水の中で太一はふっとほほえみ、口から銀のあぶくを出した。もりの刃先を足の方にどけ、クエに向かってもう一度えがおを作った。
④「おとう、ここにおられたのですか。また会いに来ますから。」
⑤こう思うことによって、太一は瀬の主を殺さないで済んだのだ。大魚はこの海の命だと思えた。

「どこが一番、太一の気持ちが高まるでしょうか。それがわかるように音読しましょう」と教師が投げかけます。実際に読んでみるとわかりますが、①や②を高めると、それ以後の緊張感がなくなってしまいます。③や④に向かって高まるように音読すると、①②での葛藤から③④でそれを乗り越えていくまでの太一の気持ちの変化する様子を表現することができます。⑤で高めると、ちょっと過ぎたことのようになってしまいます。

ここでの中心人物の姿から、主題が見えてくるのです。中心人物の心情が一番問題になる場面だからこそ、言葉だけでなくイメージもはたらかせて読ませたいものです。

# Q「考える音読」と今までの音読の違いは何ですか？

**A** すらすら音読させるだけでなく、「目的」をもって「考えながら」音読させるところが違います。

**音読は文章を読み取る上で基本**となります。まずは、すらすら読めるようになることが大切だからです。しかし、ただすらすら音読するだけでは読みは深まりません。国語の授業では、学習の始めに音読をし、その後は、発問と話し合いを中心に読みを深めていくのが一般的です。音読は、読みを深めることには役立たないのでしょうか。

## ◆音読に「考える」要素を取り入れる

音読に、「考える」要素を取り入れると、音読の質は大きく違ってきます。

たとえば、「人物の気持ちがわかるように音読しよう」と投げかけます。上手に読むためには人物の心情とそれがわかるところを探す必要があります。「ここはどうよんだらいいかな」「○○と書いてあるからうれしそうに読んでみようよ」と自然に話し合いが生まれます。また、「うれしいのと悲しいのを両方やってみよう」と、音読をしてみて考える姿も見られるようになります。

音読にちょっとした「目的」をもたせることで、子どもたちは「考えながら」音読するようになっていきます。さらに音読を聞いてみて、考えるようにもなります。

このような、**「考えること」**と**「表現すること」**とが一体となる音読が**「考える音読」**です。

このように、目的をもって音読をすることを意識づけていくと、宿題での音読にも真剣に取り組むようになります。やらされているのではなく、「目的」があるからこそ、子どもは一生懸命「考えてながら」取り組み、深く読もうとしていくのです。

# Q 音読のめあては上手になることですか？

**A** 子どもたちのめあては「音読が上手になること」。しかし、教師のねらいは「深く読み取らせること」です。

**子どもたちは、「上手に音読できるようになろう」と学習に取り組みます。しかし、教師にとって、音読は読み取りを深める手段なのです。**

## ◆考える音読、三つのキーワード

### キーワード①「なりきって読む」（同化）

イメージをふくらませるためには、人物になりきって読ませるといいでしょう。視点となる人物をぼくに置き換えて読む、「ぼく読み」が代表的な読み方です。自分のことのように読むからこそ、人物になりきって心情を考えることができるのです。また、動作をつけて読むことも、なりきって読むための助けとなります。

### キーワード②「比べて読む」

論理をつかませるためには、比べて読ませるといいでしょう。まず着目させたい部分を別の表現に置き換えたり、わざとその言葉を抜いて読んだりと教師がしかけをつくって音読をします。この音読をすると、子どもたちは必ず言います。「それは、おかしい」と。このとき、本文と比べさせることで表現の存在や効果などの論理に気づくことができるのです。さらに、場面や、教材文を通して音読し全体の流れをおさえることで、着目させたい部分の意味や、そこに込められた作者の意図が一層明確になります。

### キーワード③「理解を確かめながら読む」

すらすら音読できず、拾い読みになってしまう子ども、抑揚がついて一見上手なのだけど、実は場面の様子をイメージすることができていない子どもなど、学級には様々な子どもがいます。教師は、音読が上手か下手かだけではなく、子ども一人ひとりの読みを見取ることが重要です。教師の正確な見取りがあってこそ、どこを伸ばしたり高めたりするかを、考えることができるからです。さらに、音読には、自分が理解しているかどうかを確かめたり深めたりする働きがあります。このことを子どもたち自身に意識させ、理解を確かめながら音読させていくことも重要です。

# Q 上手に読めるだけでは、読み取れているとはいえないのでは？

**A**「上手に読めるようになろう」という、**目標のシンプル**さが重要なのです。

だからこそ、子どもたちは見通しをもって学習し、工夫をするのです。

上手にスラスラ読めるだけでは、もちろん十分に読み取れているとはいえません。「上手に読めるようになろう」と子どもたちに話すのは、**子どもたちにわかりやすい目標をもたせるためです。**

国語は、答えがぼんやりしている教科であるとよく言われます。音読は、子どもたちが取り組みやすく、**できたかどうかを子どもたち自身でも判断することができます。**

## ◆「上手に読める」を変えると授業がかわる

音読の上達と、読み取りの深さを一致させていくためには、子どもたちの**「上手に読める」の概念を変えていく**必要があります。普通「上手に読める」というと「口をよく開いてスラスラ読める」、「抑揚がついている」ということになると思います。この抑揚をつける内容を問題にしていくのです。

物語文では、基本的に次のような観点をもたせます。

> **① 人物の心情や場面の様子を表せているか。**（イメージをふくらませる）
> **② 作者の書き方の工夫や、作者の思いを表せているか。**（論理に気づかせる）

これを徹底していくと、子どもたちから「久しぶりに外に出られた場面だから、うきうきした感じで読む方がいいと思う」と自然に文章に立ち止まって考える姿が見られるようになります。さらに学びが進むと、「ここが納得できなくて……、どう読んだらいいと思いますか」「ここは気持ちを込めすぎるとおかしい」などと発言する子も現れるようになります。これらの発言からは、妥協することなく深く読み取り、表現したいという子どもたちの主体的な姿勢が見えてきます。**目標がシンプルで、工夫する余地があるからこそ、子どもたちは自ら学び、時には、教師の予想を越える姿を見せてくれるのです。**

# Q「考える音読」を使った授業は、どのように展開するのですか？

A 授業の前半は、音読で場面の様子、表現の効果などを考えるきっかけにします。
授業の後半は、音読で学習したことを確かめます。

## ◆物語文での「考えるきっかけとなる音読」

「考える音読」の授業で中心になるのが、①イメージ型と論理型の音読です。この二つの音読で考えるきっかけをつくるのです。**基本的な発問・指示**は次のようになります。

> ①**「人物の様子や気持ちがわかるように音読しよう」「どうしてそう読もうと思うの?」**（イメージ型）
> ②**「作者はなぜ、こう書いたのかな?」「その作者の考えがわかるように音読しよう」**（論理型）

これらの発問・指示により、子どもたちは人物の心情や場面の様子、作者の意図などを読み取ろうと考えながら音読をしていきます。

さらに、教師の意図に合わせて音読でしかけをすることもあります。子どもが気づきにくい表現の効果や人物の設定など論理をつかませるときに有効です。

たとえば、比喩表現をわざととばして、教師が何気なく音読すると子どもたちは必ず言います。「おかしい」「この言葉があったほうがいい」と。（㊲「比喩表現とばし読み」参照）教師が間違った音読をすることで、思考が焦点化され、意見が活発に飛び交うのです。音読でしかけをするときは、教材の特性や目的に合わせてすることが大切です。（音読のバリエーション参照）

## ◆音読で、学習事項の整理、確認をする

学習の終末部では、音読で学習したことを確かめます。音読劇のように主にグループで行いますが、ペアや一人ですることもあります。一部だけを取り上げた音読だけでなく、全体や場面を通した音読をすることで、作品世界を味わうことができます。さらに、取り上げた表現の意図を実感できるようになるのです。また、理解が十分でなかった子どもも、ここでもう一度復習することができます。**この音読で、すべての子どもに成長を実感させることで、子どもたちの学習への意欲が高まっていくのです。**

# Q 黙読と音読では読み取り方が違うのですか?

**A** 基本的には、黙読も音読も目標は同じです。でも、音読にしかできないことがあります。

**基本的には、目標は同じ**だと思っています。たとえば、黙読でも人物の心情を読み取ることはできます。「このときはどんな気持ちだろう」と聞くと、「さみしい」、「こわい」などと意見を言います。音読は、その心情を声にのせることで、考えを明確に伝えることができるというよさがあります。しかし、音読の良さはこれだけではありません。

## ◆音読にしかできないこと。それは、言葉を感覚的にとらえ、実感をもって理解すること

「なんとなく、Aくんの意見もBくんの意見も合っているような……」国語の授業では、はっきりしないでもやもやしたまま授業が進んでいくことがよくあります。このようなときに、

**「じゃあ、㋐悲しい感じ、㋑怒った感じ。どっちがいいか、音読して比べてみよう」**

と、子どもたちから出た意見の数だけ、音読で表現してみます。全員が声を出して音読することで、意見を確認することができ、やってみると明らかに「これは違う」ということがわかってきます。また、主語を[ぼく]や[わたし]に置き換えて読むだけで、その人物になりきって心情を考えることもできます。

黙読では、通りすぎてしまいがちな言葉を音読することで見つめ直すことができるのもよさの一つです。(㊵「文末表現置き換え読み」参照)

**このように、声に出すことで感覚をはたらかせ、実感を伴った理解をすることができる**のが、音読ならではのよさです。また、最初はわからなかった子どもも、繰り返し音読しているうちに、わかるようになっていきます。繰り返し読み返して確認をすることができるのも、音読のよさです。

# Q 音読で、子どもたちはどう変わりますか？

**A** 言葉へ着目する力が育ちます。しかし、それ以上に変わるのは学んでいこうとする学級の雰囲気や子どもたちの自信です。

Q&A

「考える音読」を授業で行うようになると、上手に音読しようと考えながら音読するので言葉へ着目する力が伸びます。しかし、それ以上に変わるのは、**子どもたちが自信をもって生き生きと学べるようになることです。**

授業の中では、どうしても授業についていけない子、自分の思いをうまく表現できない子たちがいます。音読の授業は、「どの子にもできる」というよさがあります。

## ◆「どの子にもできる」から、自信をもって学べる

たとえば、「このときの主人公はどんな気持ちでしょう」と発問したとします。子どもたちは、まずこの質問の意図を考えます。意図がとらえられたら、次に自分の考えた文章を読みながら考えます。自分の考えがなんとなくもてたら、わかりやすく伝えるために頭の中で整理をします。このように、発問に対して自分の考えを述べることは、大人が思っている以上に複雑で労力のいる作業なのです。これに対し、「考える音読」の授業ではまず、「ここをどのように読むといいだろう。」と問いかけます。これだと、書かれていることを読むだけなので必ず全員が参加することができます。また、「なんとなくうれしい感じで読んでみよう」と。自分の考えを声にのせて読むだけで表現することができます。この簡潔さが「どの子にもできる」ことにつながるのです。

「考える音読」の授業では、国語が苦手な子どもたちが活躍する場面がしばしば見られますが、それは、音読によって全員がお互いに思いを伝えることができるからです。そして、**伝え合えるからこそ、互いを認め合う雰囲気が生まれ、自信をもって学べるようになっていくのです。**

もちろん、発問に対して、感想や自分の考えをもったり、伝えたりする力をつけることは大切です。しかしその前に、すべての子どもが「できた」という達成感をもち、認められる喜びを感じられる場があることが重要なのではないかと思うのです。

**単元名**　様子を考えながら読もう

# 「お手紙」（光村図書二年下）

**単元目標**

○登場人物の会話や行動に着目して、気持ちや場面の様子を想像しながら読み、二人の友情のお話を楽しむことができる。

○音読発表会に向けて、読み取ったことをもとに楽しみながら音読や動作化をしたり、気づいたことを積極的に発表したりする。

**教材のポイント**

本教材は、手紙がもらえず落ち込むがまくんとそれをなんとか励まそうとするかえるくんの心の交流が描かれた友情の話である。テンポのよい会話や反復表現によってユーモラスな形で展開されていく。大部分ががえるくんとがまくんの会話で構成されており、会話文の中に登場人物の気持ちや人柄がよく表れている。お手紙は通常、会って話せない人に用件を伝えるための手段である。ところが、この作品のお手紙は口でも伝えられる内容をあえて書いて渡すところや、出した相手の家に行って一緒に待つというところにおもしろさがある。また、早く渡したい手紙を足の遅いかたつむりに渡してしまう滑稽さも魅力の一つである。しかし、がまくんを思う気持ちによって、これらの行動が行われるところに、ほのぼのとしたあたたかさを感じさせる。

実践例

## 単元計画（全九時間）

| 次 | 時 | 学習活動・学習内容 | 考える音読でつくる授業の工夫 |
| --- | --- | --- | --- |
| 一 | | ○学習のめあてと見通しをもつ。 | |
| | 1 | ・会話文の主語の確認 | 1「役割読み」をすることで、会話文の主語を確認することができるようにする。 |
| | 2 | ・場面分け | 2「劇化読み」で、物語の場面を分けさせる。 |
| 二 | | ○場面の様子や登場人物の気持ちを想像して読む。 | |
| | 1 | ・会話文に見られる人物の気持ち | 1「間違え読み」で、人物の人柄に気づかせる。 |
| | 2 | ・行動に見られる人物の気持ち | 2「役割・主述読み」で、急いでいるかえるくんの様子に気づかせる。 |
| | 3 | ・対照的な二人の様子と反復表現 | 3「声色変化読み」をすることで、人物の心情をつかませる。 |
| | 4 | ・中心人物の心情の変化 | 4「声色変化読み」と「重ね読み」で、中心人物の心情の変化をつかませる。 |
| | 5 | ・手紙の意味 | |
| 三 | | ○学習のまとめをする。 | |
| | 1 | ・登場人物の気持ち | 1 学習したことを生かして「劇化読み」「強調読み」をする。 |
| | 2 | ・音読の工夫 | 2 意見交流をする時に、どの部分から音読の工夫をしたのかを話させ、叙述に即して表現できるようにする。 |

## 一次　1／2

**本時のねらい**「登場人物と会話文の主語をとらえ、すらすら音読することができる。」

最後に音読発表会をするよ
がんばるぞ!!
はじめに全部音読しよう
がまくんは、げんかんの前に…
1
だれが出てくれるかな？
かえるくん！
がまくん！
かたつむりもいる。
2
あれ？最初はだれが読むの？
じゃあはじめから音読してみよう。
「」じゃないところを読む人がいないよ
3
そこは地の文といって「話者」が読むんだよ。
よし役割読みだ！
そっかじゃあ「話者」をやる
かえるくん
かたつむりくん
がまくん
4


実践例

## 授業の流れ

1　全文を通読し、学習のめあてをもつ。

音読発表会をしよう

2　登場人物を確認し、役割読みをする。

・がまくん
・かえるくん
・かたつむりくん
（以上　会話文）

・話者　　地の文

3　グループで「役割読み」をする。

## 音読指導のポイントと教師のはたらきかけ

**「役割読み」で、だれの会話文かを確認させる**

○「かえるくん」「がまくん」「かたつむりくん」に分かれて音読しよう。地の文が読めないね。地の文を読んでいるのが「話者」というのですよ。

**グループでの「役割読み」を通して、すらすら音読できるようにする**

○四人一組のグループで、役割読みをしよう。登場人物になりきって音読しているグループはいいね。

二次　2/5

**本時のねらい**　「主語の省略と急いでいるかえるくんの様子に気づくことができる。」

今日は二場面の勉強をするよ。マル読みしよう。
はーい！
ぼくからやるね。
主語チームと述語チームに分かれて読もう。
主語チーム
述語チーム
かえるくんは、
〜しました。
なんだか少ないなあ…
主語がないのは困るね。主語を入れて音読してみよう。
かえるくんは…かえるくんは…かえるくんは…
ない方がテンポがいいなあ。
手紙をかいてました。
ふうとうに入れました。
おっ！このチームテンポがいいね。

実践例

## 授業の流れ

1　二場面を「マル読み」する。

2　主語チームと述語チームに分かれて音読をする。

3　主語がある文とない文を比べ、違いを発表する。

4　がまくんを喜ばせようと急いでいるかえるくんになりきって音読する。

## 音読指導のポイントと教師のはたらきかけ

**「主語・述語読み」で、主語が抜けていることに気づかせる**

○主語と述語に分かれて音読してみよう。ずっと述語チームばかり読んでいるね。どうしてだろう。

○主語が書かれていないんだね。

**「主語補い読み」で、テンポの違いを比べさせる**

○じゃあ、主語を入れて音読してみよう。主語のある文とない文を実際に声に出してみると、どっちがいい？
主語がない方はテンポがいいね。

**まとめとして音読し、学習したことを確かめる**

○がまくんのために急いでいるかえるくんの様子が伝わるように音読しよう。リズムよく音読していていいね。

## 二次 4/5

**本時のねらい**「中心人物の心情の変容をとらえ、音読に表すことができる。」

実践例

先生が読むね。
きみが？ ぼくにお手紙…
がまくん喜こんでいるよ、きっと。
そんなに怒ってないよ。
そうかなっ。
だって初めてのお手紙だよ。
かえるくんにもらったならうれしいよ。
だってぼくがお手紙きみに出しいたんだもん。
きみが!?
おかしいよ!!
?
ダメダメ はやーい!!
だってぼくがきみにお手紙出したんだもん。
ぼくならもう少し間をとるけど。
きみが？

| 授業の流れ | 音読指導のポイントと教師のはたらきかけ |
| --- | --- |
| 1　四場面を「マル読み」する。<br>2　変化読みをきっかけに、がまくんの心情の変化をとらえる。<br>3　間を空けた文と空けない文を比べ、違いを話し合う。<br>4　登場人物になりきって音読をする。 | **「声色変化読み」で、がまくんの心情を考えさせる**<br>○この場面のがまくんは、怒っている？　喜んでいる？　音読して確かめてみようね。はじめは、全部、怒って読んでみよう。（子どもたちが説明する中に着目させたい言葉が出てくる。その言葉をつなげていく。）<br>**「重ね読み」で、がまくんの心情に迫らせる**<br>○「重ね読み」と「間読み」とどちらが驚いたがまくんの様子を表しているかな。<br>**まとめとして「役割読み」をする**<br>○文脈に合わせて、それぞれの登場人物になりきって役割読みをしよう。<br>○お手紙の内容を聞いて、喜んでいるがまくんの様子がよく伝わってくるね。 |

# 三次　1/2

**本時のねらい**「場面の様子が想像できるように音読したり聞いたりすることができる。」

今日のめあては、「場面の様子が想像できるように音読しよう。」です。
聞いている人も想像しながら聞きましょう。どこを工夫しているか気がつくと素晴らしいね。
1
発表者
かえるくんはかたつむりくんに…
まかせてくれよ。すぐやるぜ！
2
聞き手
話者の話し方いいな。
今のかたつむりくんはやる気が出ていてよかった。
3
気がついた音読の工夫はある？
ハイ！
〜さんは、かえるくんの心配そうなところが上手でした。
そこを弱く読んでいました。
4

実践例

## 授業の流れ

1　音読発表会のめあてと計画を確認する。

2　登場人物の気持ちや場面の様子が伝わるように音読する。

3　音読の工夫について話し合う。

## 音読指導のポイントと教師のはたらきかけ

**場面の様子をイメージしながら、音読で表現したり、聞き合ったりすることができるようにする**

○今日のめあては、「場面の様子が想像できるように音読しよう」だね。今まで学習したことを表現できるように頑張ろう。

○聞いている人も想像しながら聞こうね。どこを工夫しているか気がつくと素晴らしいよ。

**音読の工夫をお互いに価値づけさせることで、物語の世界を深められるようにする**

○気がついた音読の工夫はあるかな。この班はどうして「この部分」をみんなで読んだのだと思う？　大切だと思うところをみんなで読む、「強調読み」だね。

**単元名**　人物の気持ちのうつり変わりを考えよう

# 「ごんぎつね」（光村図書四年下）

**単元目標**

○視点人物に同化して読んだり情景表現の効果について考えたりすることを通して、人物の心情の変容を読み取る。
○物語全体のつながりを意識しながら場面の様子やごんと兵十の心情が聞く人に伝わるように音読をする。

**教材のポイント**

「ごんぎつね」は、ひとりぼっちの小ぎつねごんが、かつて自分がいたずらをして困らせた兵十と心を通わせようと努力しながらも、通わせきれない切なさを描いた作品である。

一から五場面までは、ごんの視点で物語が書かれており、兵十に対する償いの気持ちから栗や松茸を届け続けるごんのひたむきさや、その行為を兵十に気づいてもらえないもどかしさが描かれている。六場面では、視点がごんから兵十に変わる。この視点の転換によって、初めて兵十のごんに対する激しい怒りと憎しみの気持ちが明らかになるとともに、この作品の悲劇性を高めている。視点を明確にし、視点人物に同化して読み進めていくことで主題にも迫っていくことができると考える。

また、物語全体を通して情景描写が効果的に使われており、そこからも人物の心情を読み取ることができる。

## 単元計画（全十時間）

| 次 | 時 | 学習活動・学習内容 | 考える音読でつくる授業の工夫 |
|---|---|---|---|
| 一 | | ○学習の見通しをもつ。 | |
| | 1 | ・物語の流れ | 1「マル読み」で物語の大まかな流れをつかませる。 |
| | 2 | ・場面ごとの内容 | 2「たけのこ読み」ですらすら音読できるようにさせる。 |
| 二 | | ○人物の心情の変容を想像して読む。 | |
| | 1 | ・中心人物と物語の設定 | 1「ぼく読み」で中心人物をつかませる。 |
| | 2 | ・視点人物のとらえ方 | 2「ぼく読み」「劇化読み」で、ごんの心情を想像させる。 |
| | 3 | ・人物の心情の変化と情景描写の関連 | 3「情景表現置き換え読み」で情景表現の効果に気づかせる。 |
| | 4 | ・行動に見られる人物の心情の変容 | 4「色彩語置き換え読み」で、色彩語の効果に気づかせる。 |
| | 5 | ・二人の位置から見られる人物の心情 | 5「劇化読み」で、兵十とごんの位置関係を確認し、ごんの心情をつかませる。 |
| | 6 | ・視点転換と二人の心情のずれ | 6「ぼく読み」で、視点の転換に気づかせる。 |
| 三 | | ○学習のまとめをする。 | |
| | 1 | ・音読の工夫 | 1 学習したことを生かして「マル読み」をする。 |
| | 2 | ・音読発表 | 2 他のグループの音読の工夫について話させることで、物語をより深く味わわせる。 |

## 一次　1/2

**本時のねらい**「何度も音読をすることで物語の大まかな内容をとらえ、すらすら音読することができる。」

実践例

| | |
|---|---|
| 授業の流れ | 1　場面の数や場面が変わるところを確認する。<br>2　場面ごとに、二回ずつ「たけのこ読み」をする。<br>3　すらすら読めるようになった場面を一つ選び、音読する。 |
| 音読指導のポイントと教師のはたらきかけ | **「たけのこ読み」で、すらすら読めるようにする。**<br>○今日のめあては、「すらすら読めるようにしよう」だね。「たけのこ読み」をするよ。まずは一場面。自分の好きなところで立って音読するよ。二回目は、一回目とは違うところで立ってね。<br>○「この場面はすらすら読めるようになったよ」という場面を音読してみよう。さあ、クリアできるかな。 |

二次　5／6

本時のねらい　［ごんと兵十の位置関係をとらえ、ごんの心情を読み取ることができる。］

この会話文はだれの言葉かな？
ぼく、ごんをやるね。
よし、兵十だ。
じゃあ、加助をやろう。
1
役になりきって劇をしよう。行動や場所も考えてね。
兵十はここでいい？
加助は横だよね。
兵十
加助
ごんは「かげぼうしをふみふみ」するから…
ごん
2
なあ加助…
兵十
加助
何だかさみしいなあ。
ごん
何でごんは兵十のすぐ後を歩くの？
3
そっか。兵十に気づいてほしいのかも。
「ちえっ ひきあわないなあ」
ごん
ごんになりきって読んでごらん。
4


実践例

## 授業の流れ

1　四、五場面の会話文がだれの言葉か考える。

2　二人の位置関係をイメージできるように、「劇化読み」をする。

3　ごんと兵十の位置関係から、ごんの心情について話し合う。

4　ごんの心情を想像しながら音読をする。

## 音読指導のポイントと教師のはたらきかけ

**「役割読み」で会話文がだれの言葉かを確認させる**

○この会話文はだれの言葉だろう。グループの中で兵十、ごん、加助の役になって音読してみよう。

**「劇化読み」で二人の位置関係をとらえる**

○グループに分かれて劇をしてみよう。役になりきってね。そのときに、兵十、ごん、加助の行動や三人の位置をよく考えよう。

○どうしてごんは、兵十のすぐ後ろを歩くの？　加助のほうでもいいよね。

**「ぼく読み」でごんの心情に迫らせる**

○ごんになりきって音読しよう。

## 二次　6/6

**本時のねらい**　「視点人物が変わっていることに気づき、二人の心情のずれをとらえることができる。」

実践例

六場面をぼく読みしてみよう。「ごん＝ぼく」で。
それは変だな。
ぼくはばったりとたおれました。
じゃあ「兵十＝ぼく」にしてみよう。
これなら合うね。
ぼくは立ち上がって…
ということは、六場面の視点人物は…
兵十だ！
今までごんだったのに。
では、兵十になりきって音読してみよう。
「ごん、おまえだったのか。…
兵十もつらいな…

## 授業の流れ

1　六場面を「マル読み」する。

2　視点人物が変わっていることを確認する。

3　視点人物が変わった効果について話し合う。

4　場面の様子や変容した兵十の心情をイメージしながら音読をする。

## 音読指導のポイントと教師のはたらきかけ

**「マル読み」で、場面の内容を確認させる**

**「ぼく読み」で視点の転換に気づかせる**

○六場面はだれの視点で書かれているのだろう。「ごん」を「ぼく」に変えて音読してみよう。ちょっとおかしい？　じゃあ次は、「兵十」を「ぼく」に変えて音読しよう。

**ごんの視点で書かれたリライト文を音読し、本文と比べることで、視点の転換の効果に気づかせる**

○なぜ、新美南吉さんは視点をごんから兵十に変えたのかな。最後までごんの視点で書いた文を音読して比べよう。

**「ぼく読み」で、兵十の心情に迫らせる**

○今日学習したことを思い出しながら、兵十になりきって音読しよう。

## 三次　1/2

**本時のねらい**　「物語全体のつながりを意識して場面に合った音読をすることができる。」

グループで心に残った場面を決めて音読しよう。
どこにしよう？
1
グループでマル読みしよう。
これは、わたしが小さいときに…
「ごんぎつね」という…
どんなふうに読んだらいいかな？
2
ちょっと読んでみるよ。「ごんは…
もうちょっとさみしそうにしたら？
3
音読を発表しよう。
ごんは「……
もう少し弱い方が。
ごんの気持ちが出ているな。
4

## 授業の流れ

1　グループで心に残った場面を選んで音読する。

2　グループで音読しながら、読み方を工夫する。

3　場面に合った音読の仕方を選んで、音読の練習をする。

## 音読指導のポイントと教師のはたらきかけ

**「マル読み」で、場面の内容を確認する。**

○一番心に残った場面はどこかな。心に残った場面を音読してみよう。

**「マル読み」で、一文ずつ心情や様子をとらえた読み方の工夫を考える**

○グループの中で「マル読み」をしよう。そのときに周りの人は、どのように読んだら人物の気持ちが伝わるのか、場面の様子がイメージできるかを考えながら聞こうね。「もっとこう読んだらいいよ」という意見があったら、どんどん友達に教えてあげよう。

○今まで、「役割読み」「劇化読み」など、いろいろな音読をしてきたね。自分たちの選んだ場面に合う音読の仕方を決めて、練習してみよう。

**単元名**　作者の伝えたいことを話し合おう

# 「大造じいさんとガン」（光村図書五年）

**単元目標**

○いろいろな音読を通して中心人物の視点から対象人物や場面の様子を読み取ることで、心情の変容をつかみ、主題に迫ることができる。

○「大造じいさんとガン」と同じ論理で描かれた教材文を読むことで、学習で身につけた力を活用できることを実感する。

**教材のポイント**

本教材は、読み手により「人間と動物（自然）」「強いリーダー像」など様々な主題を読み取ることができる優れた文学作品である。

中心人物である大造じいさんの心情が、ガンの頭領「残雪」との闘いを通じて、少しずつ変化していき、物語のはじめと終わりでは大きく変容する。視点人物は大造じいさんである。なぜなら、話者（語り手）が大造じいさんの背中越しに残雪やがん、そして大造じいさんを見ているような書きぶりだからである。そこで大造じいさんの視点に同化することで、読者はまるでその沼地に立って、残雪と対峙しているような気持ちになることができる。

また、豊かな情景描写、細かな行動描写なども効果的に使われており、そこから大造じいさんの心情を読み取ることもできる。

## 単元計画（全八時間）

| 次 | 時 | 学習活動・学習内容 | 考える音読でつくる授業の工夫 |
|---|---|---|---|
| 一 | | ○学習の見通しをもつ。 | |
| | 1 | ・登場人物の確認、感想の交流 | 1「間違え読み」で、言葉に着目できるようにさせる。 |
| | 2 | ・話のおおまかな流れ | 2「リレー読み」で、すらすら音読できるようにさせる。 |
| 二 | | ○中心人物に同化して、物語を読む。 | |
| | 1 | ・中心人物と物語の設定 | 1「おれ・わし読み」で、中心人物をつかませる。 |
| | 2 | ・三つの作戦の比較 | 2「ぼく読み」で、三つの作戦を準備する大造じいさんに同化して読ませる。 |
| | 3 | ・中心人物と情景描写の関連 | 3「情景表現置き換え読み」で情景描写の効果をつかませる。 |
| | 4 | ・「残雪とはやぶさ」の様子 | 4「重ね読み」で緊迫した場面の状況をイメージさせる。 |
| | 5 | ・中心人物の心情の変容と主題 | 5「終助詞とばし読み」で、心情の変容をつかませる。 |
| 三 | | ○他の教材文で活用する。 | |
| | 1 | ・中心人物と心情の変容と主題 | 1 音読の工夫を生かして、他の教材文を読ませる。 |

## 一次　1/2

**本時のねらい**　「言葉にこだわり、全員で共有できる課題を設定することができる。」

実践例

大造じいさんとガン
椋 鳩十
登場人物
○大造じいさん　ライバル
○残雪
○ガン
○ハヤブサ
○おとりのガン
場面…大造じいさんが若い頃の話
どんなことを話し合いたいか
なぜ大造じいさんは、残雪を打たなかったのか。
なにがきっかけで大造じいさんの心が動いたのか。
間違いがあったらダウトーと言って手を挙げてね。
いくよー!
大造じいさんと
残雪
椋鳩十
はーい
はい
ダウト

## 授業の流れ

1　全文を通読し、学習のめあてをもつ。

2　登場人物や場面の設定を確認する。

○大造じいさん
○残雪
・がん
・はやぶさ
・おとりのがん

（以上、登場人物）

3　課題を出し合い、学級で考える課題を設定する。

## 音読指導のポイントと教師のはたらきかけ

**「間違え読み」で、大切な言葉に着目させる**

○これから先生が音読していくよ。間違えがあったら、手を挙げてね。

（着目させたい言葉や文章をわざと間違え、それを指摘させることで、言葉にこだわって読めるようにする。）

## 二次 1/5

**本時のねらい**「視点人物をとらえ、大造じいさんに同化して音読することができる。」

大造じいさんとガン
椋 鳩十
おれ読み
×先頭に来るのが、残雪にちがいありません。
おれ
×大きなかげが空を横切りました。残雪です。
おれ
わし読み
◎じいさんはむねをわくわくさせながら、ぬま地に行きました。
わし
中心人物(視点人物)は大造じいさん
大造じいさんの気持ちは読み取れる
←
残雪やガン、ハヤブサを大造じいさんが見ている
先頭にいるのが おれ にちがいありません。
わし は わくわくしながら ぬま地に行きました。
変だよ。
これならOK。

**授業の流れ**

1　場面を決めて「マル・テン読み」する。

2　残雪を中心人物と仮定して音読し、イメージ化してみる。

3　大造じいさんを中心人物として音読し、イメージ化してみて、残雪の場合と比べる。

4　大造じいさんを話者にして「大造日記風」に音読する。

**音読指導のポイントと教師のはたらきかけ**

**「おれ・わし読み」で、視点人物をつかませる**

○「残雪」に「おれ」と入れて、音読してみよう。

○ちょっとおかしいみたいだね。

**「ぼく読み」で、視点人物をつかませる**

○次は「大造じいさん」に「わし」と入れて、声に出して読んでみよう。これだとうまくいくね。こういうのを視点人物と言うんだよ。

**視点人物へ同化できることを意識させる**

○文の最後を「じゃった」と置き換えて音読すると、大造じいさんの日記みたいになるよ。

## 二次 4/5

**本時のねらい**「残雪とはやぶさの死闘の様子をとらえ、残雪に対するじいさんの心情を読み取ることができる。」

大造じいさんとガン
椋 鳩十
重ね読み
ガンの群れを目がけて、
白い雲の辺りから、
何か一直線に落ちてきました。
「ハヤブサ」
問いを終えたとき、大造じいさんは
どんな気持ちになったかな。
残雪に対して
○強いものにも向かっていく勇敢さ
○仲間を助ける勇気
○堂々とした姿
○威厳を感じた
がんの群れを目がけて
しろい雲の辺りから
何か一直線に落ちてきました
ハヤブサだ
すごく緊張感があった。
次はみなさんがあとに読んでください。
①
②
③
④


実践例

| 授業の流れ | 音読指導のポイントと教師のはたらきかけ |
|---|---|
| 1 「残雪とはやぶさの闘い」を「マル読み」で音読する。<br>2 「残雪とはやぶさの闘い」のイメージをふくらませながら音読する。<br>3 他の場面との雰囲気の違いを考える。<br>4 残雪に対するじいさんの心情を考える。 | **「重ね読み」で、場面の緊張感を実感させる**<br>○これから「マル・テン読み」をするよ。みんなが先に読み、先生が後から読むね。（子どもの読む語尾へ教師のはじめの言葉を重ねるようにして読む）<br>**「重ね読み」で、場面の様子を考えさせる**<br>○この読み方はここでも使えるね。（違う場面でも「重ね読み」を行い、状況が違うことをつかませる）ええ？ ここはだめなの？　場面によって雰囲気が違うんだね。 |

## 二次　5／5

**本時のねらい**「中心人物の心情の変容をとらえ、主題を考えることができる。」

大造じいさんとガン
椋鳩十
大造じいさんから残雪への呼びかけ
「なあ、おい。今年の冬も、
仲間を連れてぬま地へやって来い□。」
「よ」は必要なのか？　いらないのか？
はじめ
きっかけ
おわり
○残雪への親しみがあふれている場面だから
○「よ」がないと、呼びかけている感じにならないから
○おわりの大造じいさんだから、はじめと変わっている
おかしい
やって来いよの「よ」がない!!
別にいらないでしょ？ためしに読んでみる？
――を連れてぬま地へやって来い。
こっちでもいいかな？
――を連れてぬま地へやって来いよー!!
そっちの方がいい。ぴったりだ。

## 授業の流れ

1　センテンスカードを音読し、物語の順に並べ替えをする。

2　「終助詞とばし読み」をきっかけに、大造じいさんの心情の変化をとらえる。

3　まとめの音読をする。

4　物語の主題を考える。

## 音読指導のポイントと教師のはたらきかけ

**みんなで声を合わせて音読し、話の流れを確認させる**

○センテンスカードを出すから、音読してね。よくイメージしながら音読できているね。

**「終助詞とばし読み」で、じいさんの心情に迫らせる**

○「よ」はいらないよね。なくても意味は同じだもの。えっ、必要なの？　どうして必要なのかな？

**まとめとして音読し、表現の定着をさせる**

○最後の大造じいさんのセリフには「よ」はなくてはならないものだったね。音読をしてみよう。残雪に対しての見方が変わったことが、よく伝わってくるね。

# 第3章
# 文学の五つの読み方

筑波大学附属小学校　桂　聖

文学作品を深く味わうには、次の五つ読み方の習得・活用が不可欠です。

◆作品の設定
◆視点
◆表現技法
◆中心人物の変化
◆主題

これら五つの論理的な読み方に着目しながらイメージを深めます。それが文学を論理的に読み深めるということです。学習指導要領の指導事項にも、「場面」「登場人物の性格や気持ちの変化」「自分の考え」など、似たような文言で書かれています。でも、この指導事項だけでは抽象的です。この五つの読み方は、学指導要領の指導事項を具体化したものと考えても差し支えありません。

文学の授業では、小学校の六年間を通じてこの五つの読み方の習得・活用を図ります。

## 1　作品の設定をとらえて読む

これは「いつ（時）」「どこで（場所）」「誰が（中心人物）」「何をした（事件）」をとらえて読むことです。

たとえば、「ごんぎつね」の一場面は、次のようにとらえて読むことができます。

「いつ（時）」は、「秋に、二、三日雨がふり続いて、その雨が上がった時」です。
「どこで（場所）」は、「村の小川の川下で」です。
「誰が（中心人物）」は、「ごんが」です。
「何をした（事件）」は、「兵十が捕った魚やうなぎにいたずらをした」です。

これらをつなげてみましょう。「秋に、二、三日雨がふり続いて、その雨が上がった時、村の小川の川下で、ごんが、兵十が捕った魚やうなぎにいたずらをした」となります。

場面の設定をとらえたこの一文は、場面の中心内容と言えるものです。説明文には段落の要点がありますが、作品の設定とは、言わば場面の要点とも言えます。

こうして各場面の設定をとらえていけば、作品の概要を簡単につかむことができます。

ちなみに、長編の作品が読める子は、冒頭に書かれる作品の設定をきちんととらえて読める子です。読書力を高めるためにも、作品の設定をとらえることは欠かせません。

## 2 視点をとらえて読む

文学作品のほとんどは、語り手が、登場人物の誰かの目と心から語っています。

たとえば、次の「ごんぎつね」の一場面の文章では、誰の目と心から語っていますか。

ふと見ると、川の中に人がいて、何かやっています。ごんは、見つからないように、そうっと草の深い所に歩きよって、そこからじっとのぞいて見ました。

ごんの目と心から語っています。これを、ごんの視点で書かれているとも言います。ごんの視点で書かれているので、ごんが兵十に近づきたいという心情がよくわかります。

この作品がおもしろいのは、一〜五場面ではごんの視点で書かれているのに、六場面では兵十の視点に変わることです。これを視点の転換と言います。実は、兵十はごんを殺したいほど恨んでいました。読者には、兵十のその心情が六場面の視点の転換で初めてわかります。これが作品の悲劇性を高めています。

視点をとらえて読むと、人物の心情や作者の巧妙な工夫を深く味わうことができます。

## 3　表現技法をとらえて読む

文学作品は、様々な表現技法によって豊かな作品世界が描かれています。表現技法をとらえて読める方が、その作品世界を深く味わうことができます。

たとえば、「ごんぎつね」の一場面には、次の一文が書かれています。

空はからっと晴れていて、もずの声がキンキンとひびいていました。

「からっと晴れていることや、もずの声がキンキンとひびく」様子が読み取れます。しかし、読み取れることはそれだけではありません。この一文は「情景」です。情景とは、心情が表れている風景のことです。二、三日じっとしていた穴から抜け出した「ごんのすっきりした気持ち」も読み取れます。

情景という表現技法の読み方を知っているだけでも、このように読みの深さが違います。表現技法をとらえて読むことができれば、作品世界をより深く味わえるのです。

その他、小学校でおさえておきたい表現技法には、次のようなものがあります。

- 擬声語（擬音語）…音の言葉。
- 擬態語…様子を表す言葉。
- 色彩語…色を表す言葉。
- 会話文…登場人物の言葉。
- 地の文…語り手の言葉。
- 心内語…思ったこと。地の文の一種。
- 行動描写…行動から心情がわかる。
- 倒置法…語りの順序を変えて強調する。

●擬人法…物を人に喩える。比喩の一種。
●類比…同じことを繰り返して強調する。
●対比…違いを浮き彫りにして強調する。
●リズム…五音、七音などの一定の音数。
●額縁構造…「現在↓過去↓現在」など。
●文体…常体と敬体。
●呼称表現…ある人物のある人物への見方。

これら表現技法の名前を覚えるよりも、その効果を考えながら読むことが大切です。

## 4 中心人物の変化をとらえて読む

物語文指導のキーは、中心人物の変化です。物語では、必ず中心人物が変化するからです。また、作者は中心人物の変化を通して、読者にメッセージを伝えているからです。そのメッセージを主題といいます。

中心人物の変化は、図解してとらえることができます。たとえば「大造じいさんとガン」では、図1のようになります。

低学年では、中心人物の気持ちが変わることを教えます。会話文、行動描写、心情描写などの叙述をもとに、人物の気持ちを想像します。

そして中学年では、「初め↓きっかけ↓終わり」を考えながら、中心人物の変化をとらえることを教えます。

そして高学年では、中心人物の変化をもとに主題をとらえることができるようにします。

## 5　主題をとらえて読む

主題とは、作者が作品を通して一番伝えたいことです。

でも、それは作品には明示されていません。作品の裏側に隠れています。

また、作者が伝えたいことがあっても、作品の意味は読者が見出すものです。

だから、読者が作品から一番強く感じることが主題だとも言えます。主題は、作者が決めるものではなく、読者が決めるもの。最近では、このような読者論的な考え方が主流になっています。

しかし、読者が主題を決めるとしても、何でもよいというわけではありません。やはり、作品の中心をとらえた上で、主題をとらえることが大切です。その作品の中心こそが「中心人物の変化」です。

では、図1の中心人物の変化から、どんな主題を強く感じるでしょうか。きっかけや終わりに注目しましょう。作者の椋鳩十は「仲間を思いやり、何事にも動じないリーダーのあり方」を伝えたいのではないかと、私は思います。

主題をとらえるには、中心人物の変化をとらえた上で考えることが有効です。

図1　大造じいさんとガン」の中心人物の変化

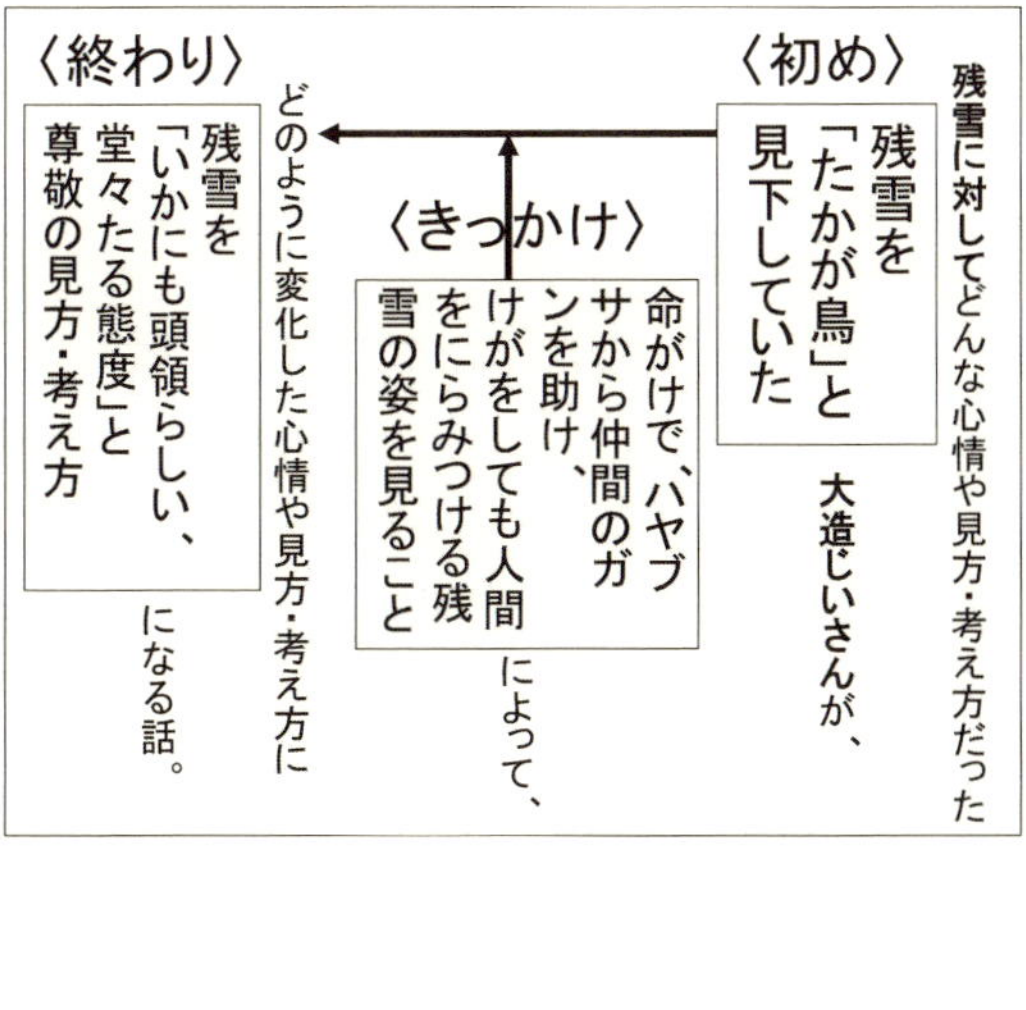
〈初め〉
残雪に対してどんな心情や見方・考え方だった
残雪を「たかが鳥」と見下していた
大造じいさんが、
〈きっかけ〉
命がけで、ハヤブサから仲間のガンを助け、けがをしても人間をにらみつける残雪の姿を見ること
によって、
どのように変化した心情や見方・考え方に
〈終わり〉
残雪を「いかにも頭領らしい、堂々たる態度」と尊敬の見方・考え方
になる話。

# あとがき

「君たちのやっている音読は日本最先端だ」

「ただの音読じゃない、考える音読だ」

「よし、考える音読の本を出そう」

　桂先生のこれらの言葉がどこまで本気なのか、はじめは半信半疑でした。


　ただ、私たちは、音読中心の授業がとても楽しかったのです。

「先生、本物が見えたよ」

「ねえ、みんな、○○と書いてあるから、こう読んだほうがいいんじゃないかな」

「あっ、音読してみたらわかった」

「それを音読で表すことができますか？」

　想像しながら音読することに子どもたちが喜びを感じ、自分たちで読み方を提案します。さらに音読することで言語感覚を働かせながら、文にこだわって読み取るようにもなります。友達の音読や意見を真剣に聞き、自分の意見を言い、音読する。この時の子どもたちの顔は実に生き生きしています。音読する度に読みが深まっているのを子どもたちも実感できるからでしょう。

「よし、自分たちのしていることをとにかくまとめてみよう」

「その中でまた新しいものが見え、子どもに返していくことができるかもしれない」

このようにして考える音読を本にするという作業がスタートしました。その中でやはり新しいものが見えてきました。

「イメージを基盤に論理へ」

この桂先生の言葉が私たちの音読を大きく進化させました。

教材に合わせて、音読でしかけをし、論理をつかませるのです。イメージをふくらませるのは音読の得意分野です。子どもたちはなりきる天才だからです。音読によってイメージを全員がもつことができるからこそ、全員が論理をつかむことができるのです。

桂先生の指導、ご助言を頂きながら「考える音読」の本を完成させることができました。桂聖先生に心より感謝申し上げます。また、出版に協力して頂いた東洋館出版社の井上幸子さん、この本を読んでくださったすべての皆様にも心からお礼申し上げます。

二〇一一年　二月

「考える音読」の会 代表　西村 光博

# 参考文献

『話すということ（ドラマ）　朗読源論への試み』
竹内敏晴著、国土社、1994

国語科授業の新展開19『授業を変える音読のすすめ』
八戸音読研究の会、左館秀之助編著、明治図書出版、1985

『音読の授業』
伊藤経子著、国土社、1988

『続音読の授業』
伊藤経子著、国土社、1990

鍛える国語教室シリーズ12『子どもは授業で鍛える』
野口芳宏著、明治図書出版、2005

『教師のための文芸学入門』
西郷竹彦著、明治図書出版、1968

『入門・科学的「読み」の授業』
大西忠治著、明治図書出版、1990

小学校国語科活用力シリーズ2『活用力を育てる文学の授業』
全国国語授業研究会・二瓶弘行・青木伸生編著、東洋館出版社、2008

国語授業力シリーズ『いま、求められる文学の授業力』
全国国語授業研究会・二瓶弘行・青木伸生編著、東洋館出版社、2009

国語授業力シリーズ『読解力を育てる　文学・説明文授業の発問づくりと対応力』
全国国語授業研究会・筑波大学附属小学校国語研究部編著、東洋館出版社、2010

読解力シリーズ『和歌山発　3つのステップで読解力をつける複式の国語科授業―文学・説明文で何をどのように指導するのか？』

桂聖編著、紀美野町立小川小学校著、東洋館出版社、2009

読解力シリーズ『下関発　読解力の「活用」が見える32の授業プラン』
桂聖編著、下関市立滝部小学校著、東洋館出版社、2009

『授業のユニバーサルデザイン vol.1』
授業のユニバーサル研究会編著、東洋館出版社、2010

『授業のユニバーサルデザイン vol.2』
桂聖、廣瀬由美子、授業のユニバーサル研究会編著、東洋館出版社、2010

特別な支援が必要な子どもたちへ5『通常の学級担任がつくる授業のユニバーサルデザイン―国語・算数授業に特別支援教育の視点を取り入れた「わかる授業づくり」』
廣瀬由美子、桂聖、坪田耕三編著、東洋館出版社、2009

『自立した子を育てる年間指導　築地久子の授業と学級づくり2』
落合幸子、築地久子著、明治図書出版、1994

西郷竹彦文芸学入門ハンドブック2『教材論入門　文芸教材の読み方・読ませ方』
西郷竹彦著、明治図書出版、1995

西郷竹彦文芸学入門ハンドブック4『人物論入門　作者・人物・読者』
西郷竹彦著、明治図書出版、１９９５
『入門「分析批評」の授業』
井関義久著、明治図書出版、１９８９
『音読指導入門』
青木幹勇著、明治図書出版、１９８９
西郷竹彦教科書指導ハンドブック『小学校高学年・中学年・低学年　国語の授業』
西郷竹彦著、明治図書、２００５
先生シリーズ19『わかる授業をつくる先生』
桒原昭徳著、図書文化社、１９９７
『国語教育指導用語辞典』
田近洵一、井上尚美編、教育出版、１９８４
『子どもが甦る詩と作文　~自由な想像=虚構=表現~』
青木幹勇著、国土社、１９９６
『授業でつかえる文学あそびベスト50』
上條晴夫著、民衆社、１９９９
『子どもが必ず本好きになる16の方法　実践アニマシオン』
有元秀文著、合同出版、２００６
『図解フィンランド・メソッド入門』
北川達夫、フィンランド・メソッド普及会著、経済界、２００５
音読指導の改革シリーズ1『基礎・基本を押さえた音読学習』
八戸音読研究の会、明治図書出版、１９９８
『学級づくりと国語科授業の改善　小学校中学年』
伊藤経子著、明治図書出版、１９８６
『子どもが生きるノートづくりの工夫　国語科授業の基礎・基本』
石田佐久馬著、東洋館出版社、２００１
「追究の鬼」を育てるシリーズ１０『新・ノート指導の技術』
有田和正著、明治図書出版、１９９６
国語科授業改革双書『言語技術教育としての文学教材の指導』
鶴田清司著、明治図書出版、１９９６
国語の授業8『ことばの感覚を育てる国語指導』
伊藤経子著、国土社、１９８０
新しい国語指導法の開発4『豊かな人間性を育てる文学教材の読解鑑賞指導』
石田佐久間・野口芳宏編著、東洋館出版社、１９８１
心理学ジュニアライブラリ2『読む心・書く心』
秋田喜代美著、北大路書房、２００２
授業への挑戦36『文学作品の読み方指導』
大西忠治著、明治図書出版、１９８８
『意味を問う教育』
西郷竹彦著、明治図書、２００３
『あたらしい国語科指導法』
柴田義松、鶴田清司、阿部昇編著、学文社、２００３

編著者

## 桂　聖（かつら・さとし）

筑波大学附属小学校教諭
山口県出身。山口公立小学校、山口大学附属山口小学校、広島大学附属小学校、東京学芸大学附属小金井小学校教諭を経て、現職。全国国語授業研究会理事、使える授業ベーシック研究会常任理事、授業のユニバーサルデザイン研究会代表、光村図書国語教科書編集委員、『子どもと創る国語の授業』編集委員、教師の“知恵”.net事務局。著書に、『フリートークで読みを深める文学の授業』『クイズトーク・フリートークで育つ話し合う力』（以上、学事出版）、『国語授業のユニバーサルデザイン』『通常の学級担任がつくる授業のユニバーサルデザイン』『授業のユニバーサルデザイン』Vol.1、Vol.2、Vol.3（以上、東洋館出版社）、『こうすればうまくいく！ 小学校教科担任制』（ぎょうせい）、『考える力をのばす！ 理解力アップゲーム（1）説明文編』（学習研究社）、DVDには『フリートーク　話し合う力を育てる』（学習研究社）、『6年「フリートークで文学をよむ」～海の命～』（内田洋行）他多数。

著者

## 「考える音読」の会

代表　山口県美祢市立大嶺小学校　**西村光博**
山口県岩国市立美川小学校　**福村　優**
山口県山口市立宮野小学校　**宮野大輔**
山口県下松市立公集小学校　**長尾美香**
山口県岩国市立藤河小学校　**福村美咲**

「考える音読」の会ＨＰ
http://www.geocities.jp/kingof_nabe/nabe/ondoku.htm

論理が身につく
「考える音読」の授業　文学アイデア50

2011（平成23）年2月17日　初版第1刷発行
2011（平成23）年5月10日　初版第2刷発行

編著者　桂　聖
著　者　「考える音読」の会
発行者　錦織与志二
発行所　株式会社　東洋館出版社
〒113-0021　東京都文京区本駒込5丁目16番7号
営業部　電話：03-3823-9206　FAX：03-3823-9208
編集部　電話：03-3823-9207　FAX：03-3823-9209
振替：00180-7-96823
URL：http://www.toyokan.co.jp

装幀　小林亜希子
イラスト　パント大吉
印刷製本　藤原印刷株式会社
ISBN 978-4-491-02676-3 ／ Printed in Japan